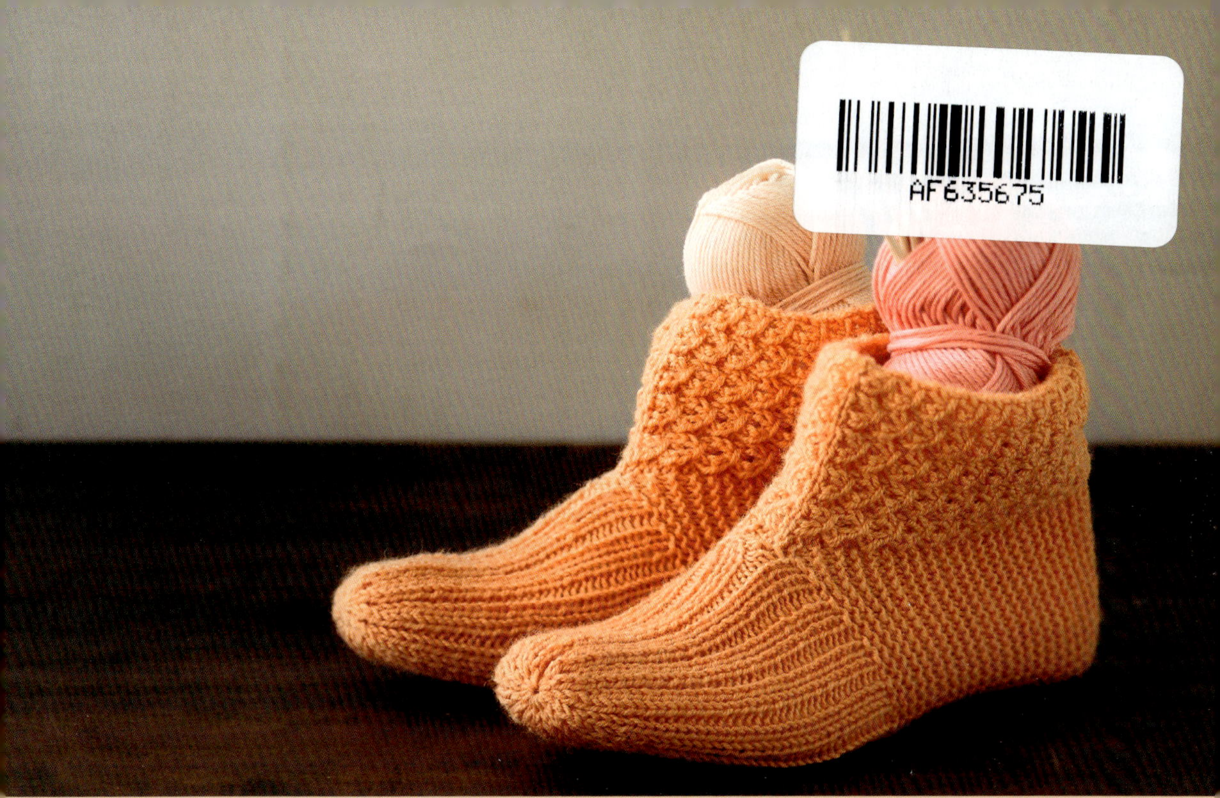

So wird ein Schuh draus!

Wie leicht sich kuschelige Hausschuhe stricken lassen, ist den Modellen im Buch gar nicht anzusehen. Durch raffinierte Konstruktionen werden aus überraschend einfachen, flach gestrickten Teilen perfekt passende Schuhe.

Gleich zu Anfang des Buches zeigt sich, welch vielfältige Varianten aus einem simplen Basic-Modell entstehen können. Umschlagbündchen, Knopfleisten oder süße Schaftmuster, aber auch verschiedene Applikationen lassen keinen Wunsch offen.

Bei einigen Anleitungen gibt es zusätzlich eine Größentabelle, damit die ganze Familie mit den Lieblingshausschuhen beglückt werden kann. Großer Dank geht an Marion Kemper, die mit ganz viel Fleiß und eigenen Ideen den Großteil der Modelle umgesetzt hat.

Vielleicht zeigt ihr mir eure gefertigten Puschen demnächst auf Facebook oder Instagram? Ich würde mich freuen! Infos dazu findet ihr auf www.VeronikaHug.com.

So, und jetzt wünsche ich viel Spaß und immer warme Füße!

Eure

Veronika Hug

BASIC-PUSCHEN

LEVEL

●○○

GRÖSSE

20/21–46/47

MATERIAL

- Woolly Hugs CHARITY (75 % Wolle, 15 % Polyamid, 10 % Polylactid, LL ca. 100 m/50 g) von L&K (www.VeronikaHug.com): bis Größe 38/39 je 50 g in Wunschfarbe ab Größe 40/41 je 100 g in Wunschfarbe
- Stricknadeln 3,0–4,0 mm
- 1 Stopfnadel

MASCHENPROBE

23 M und 34 R = 10 cm x 10 cm

YouTube-Video zur Veranschaulichung: https://youtu.be/MgZyWZ3RvRY

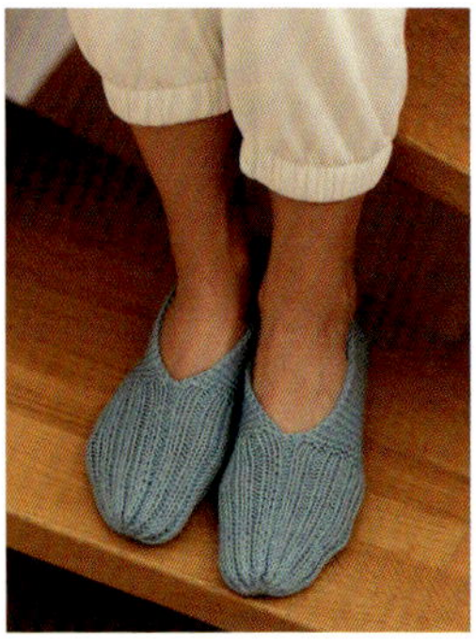

Muster

Randmaschen

In Hin- und Rück-R die 1. M links abheben, dabei den Faden vor der Arbeit mitführen, die letzte M rechts stricken.

Kraus rechts

Stets rechte M stricken.

Rippenmuster

Die M-Zahl muss durch 3 teilbar sein, plus 1 zusätzliche M, damit das Muster rechts und links aufgeht, plus 2 Rand-M. Hin-R: Rand-M, 1 M links, 2 M rechts im Wechsel, enden mit 1 M links, Rand-M; Rück-R: Rand-M, 1 M rechts, 2 M links im Wechsel, enden mit 1 M rechts, Rand-M.

Größenhinweis: Entsprechend der nachfolgenden Anleitung können Puschen in den Größen 20/21 bis 46/47 mithilfe der Größentabelle auf der Umschlagklappe gearbeitet werden.

Anleitung

Für Größe 38/39 in der hinteren Fersenmitte beginnend 45 M anschlagen (siehe 1. Zeile der Tabelle) und 52 R kraus rechts stricken (siehe 2. Zeile). Dies ergibt 13 cm ab Anschlag (siehe 3. Zeile).

Vorderfuß: 36 R im Rippenmuster arbeiten (siehe 4. Zeile). In der folgenden Hin-R bei allen Rechts-Rippen jeweils 2 M rechts zusammenstricken, in der Rück-R zwischen den Rand-M 1 M rechts, 1 M links im Wechsel arbeiten.

Spitze: In der folgenden Hin-R nach der Rand-M fortlaufend 2 M rechts zusammenstricken, bis alle M (einschließlich der Rand-M) abgestrickt sind. Dies ergibt eine Gesamtlänge von 26 cm (siehe 5. Zeile).

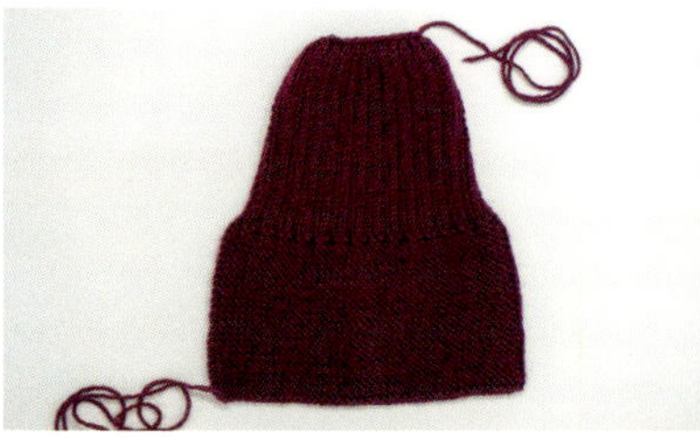

Fertigstellung

Den Arbeitsfaden ca. 50 cm lang abschneiden und auf die Stopfnadel ziehen. Die restlichen M mit dem Arbeitsfaden zusammenziehen und mit einem Knoten fixieren. Die Nähte am Fußrücken und an der Fersenrückwand schließen (siehe Umschlagklappe).
Zum Schluss alle Fäden vernähen.

Den zweiten Puschen genauso arbeiten.

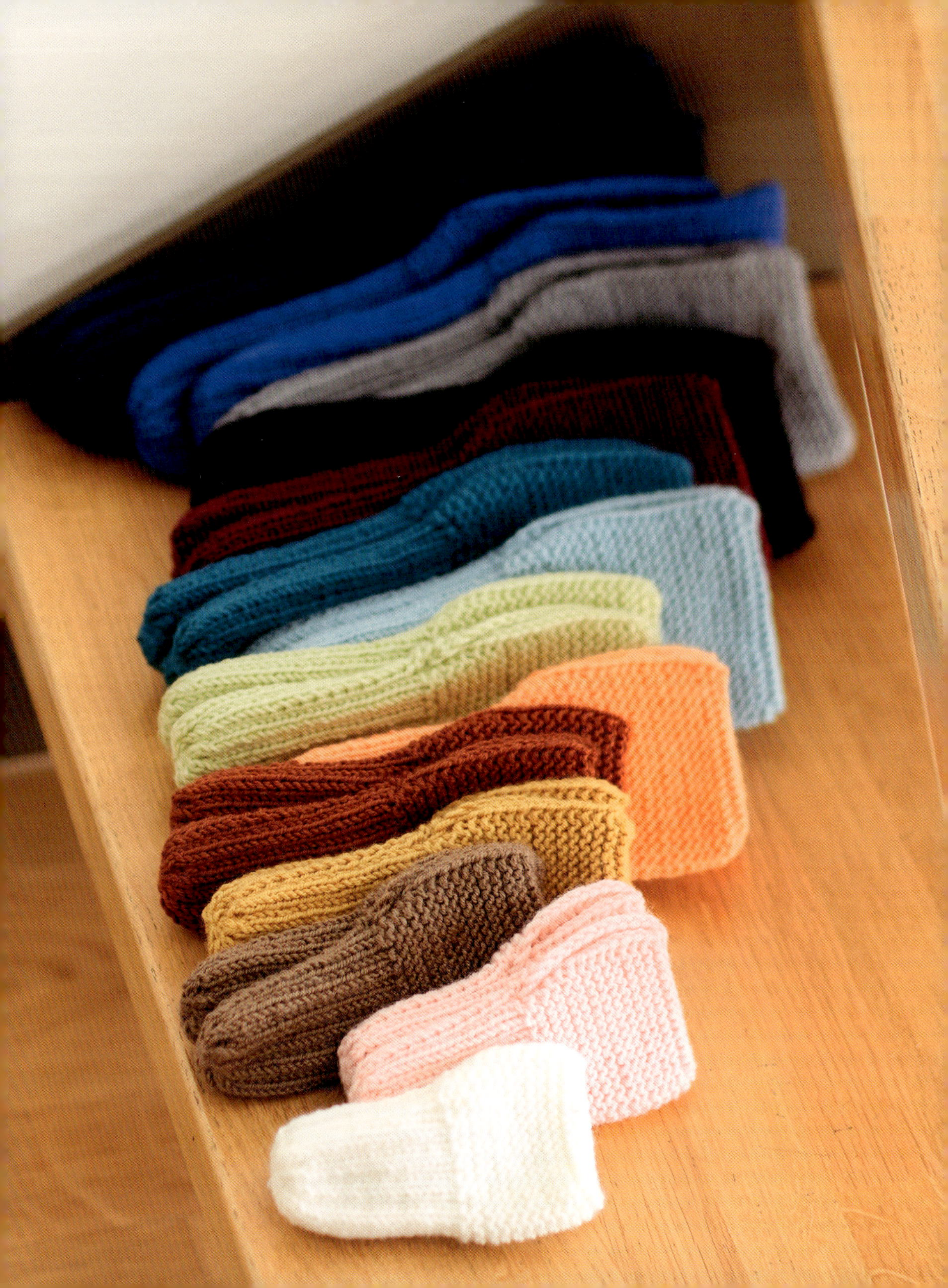

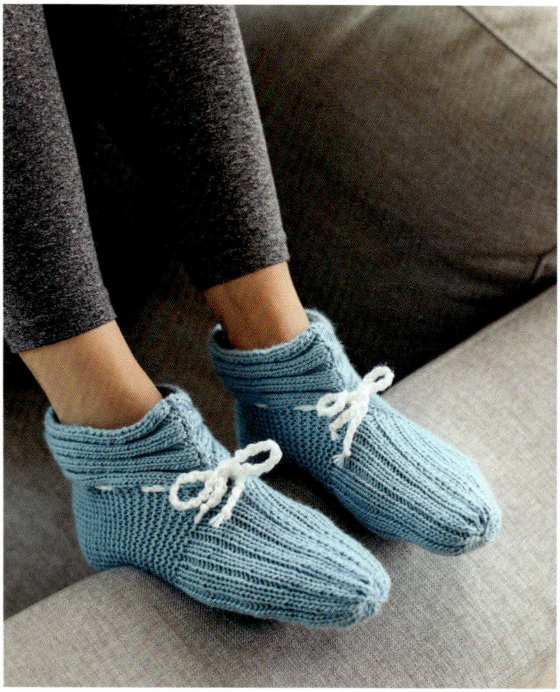

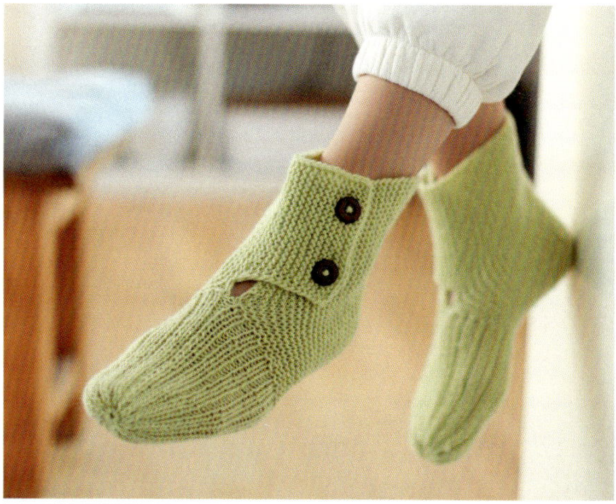

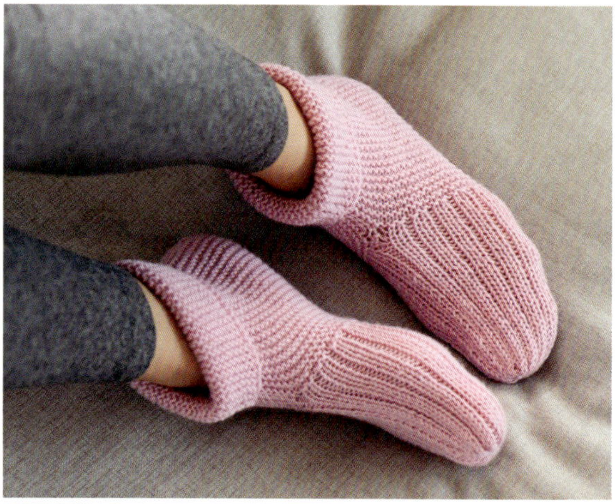

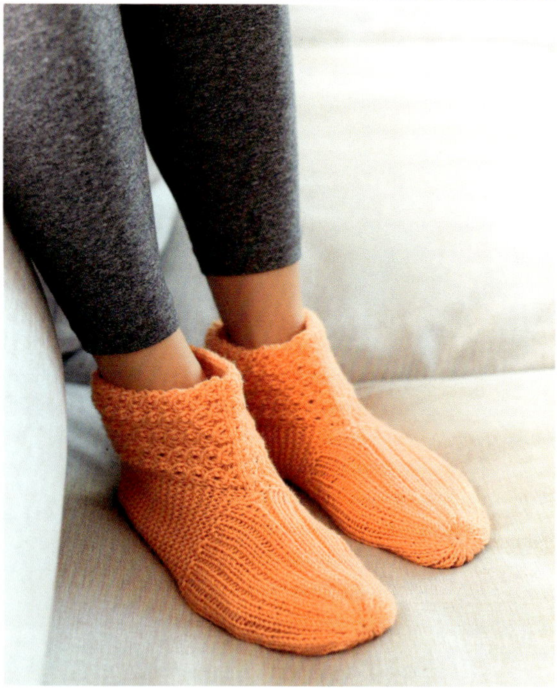

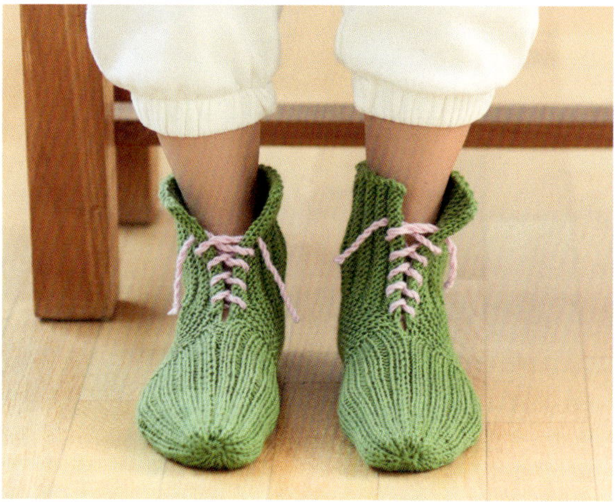

BASIC-VARIANTEN

LEVEL
●●○

GRÖSSE
30/31–46/47

MATERIAL
- Woolly Hugs CHARITY (75 % Wolle, 15 % Polyamid, 10 % Polylactid, LL ca. 100 m/50 g) von L&K (www.VeronikaHug.com): je nach Schafthöhe 100–150 g in Wunschfarbe evtl. Garnreste für Kordeln
- Stricknadeln 3,0–4,0 mm

PUSCHEN MIT RÜSCHEN
- 1 Häkelnadel 3,0–4,0 mm

PUSCHEN MIT KNÖPFEN
- 4 Knöpfe
- 1 Stopfnadel

MASCHENPROBE
23 M und 34 R = 10 cm x 10 cm

Muster

Randmaschen
In Hin- und Rück-R die 1. M links abheben, dabei den Faden vor der Arbeit mitführen, die letzte M rechts stricken.

Kraus rechts
Stets rechte M stricken.

Glatt rechts
In Hin-R rechte, in Rück-R linke M stricken.

Glatt links
In Hin-R linke, in Rück-R rechte M stricken.

2 Maschen rechts überzogen zusammenstricken
1 M wie zum Rechtsstricken abheben, 1 M rechts stricken, dann die abgehobene M darüberziehen.

Rippenmuster
Die M-Zahl muss durch 3 teilbar sein, plus 1 zusätzliche M, damit das Muster rechts und links aufgeht, plus 2 Rand-M. Hin-R: Rand-M, 1 M links, 2 M rechts im Wechsel, enden mit 1 M links, Rand-M; Rück-R: Rand-M, 1 M rechts, 2 M links im Wechsel, enden mit 1 M rechts, Rand-M.

Schaftmuster 1 (Puschen mit Schnürung)
3 R glatt links, 3 R glatt rechts, ab stets wiederholen.

Schaftmuster 2 (Puschen mit Rüschen)
3 M glatt rechts, 3 M glatt links, ab stets wiederholen.

Kaffeebohnenmuster
1. R (= Hin-R): 1 M links, *3 M rechts, 1 M links, ab* stets wiederholen; 2. R (= Rück-R): *1 M rechts, 3 M links, ab* stets wiederholen, enden mit 1 M rechts; 3. R: 1 M links, *die 3 rechten M überzogen stricken (von vorn mit der rechten Nadel in die 3. M einstechen, die M nach vorn über die 2 M ziehen, dann die 2 M mit 1 M rechts, 1 U und 1 M rechts abstricken), 1 M links, ab* stets wiederholen; 4. R: wie 2. R.

Puschen mit Umschlag und Puschen mit Schnürung

Größenhinweis: Entsprechend der nachfolgenden Anleitung können Puschen in den Größen 30/31 bis 46/47 mithilfe der Größentabelle zu den Basic-Puschen von Seite 2 gearbeitet werden. Dabei für den M-Anschlag die Angaben der 1. Zeile nehmen und zusätzlich für den Schaft weitere 42 M anschlagen.

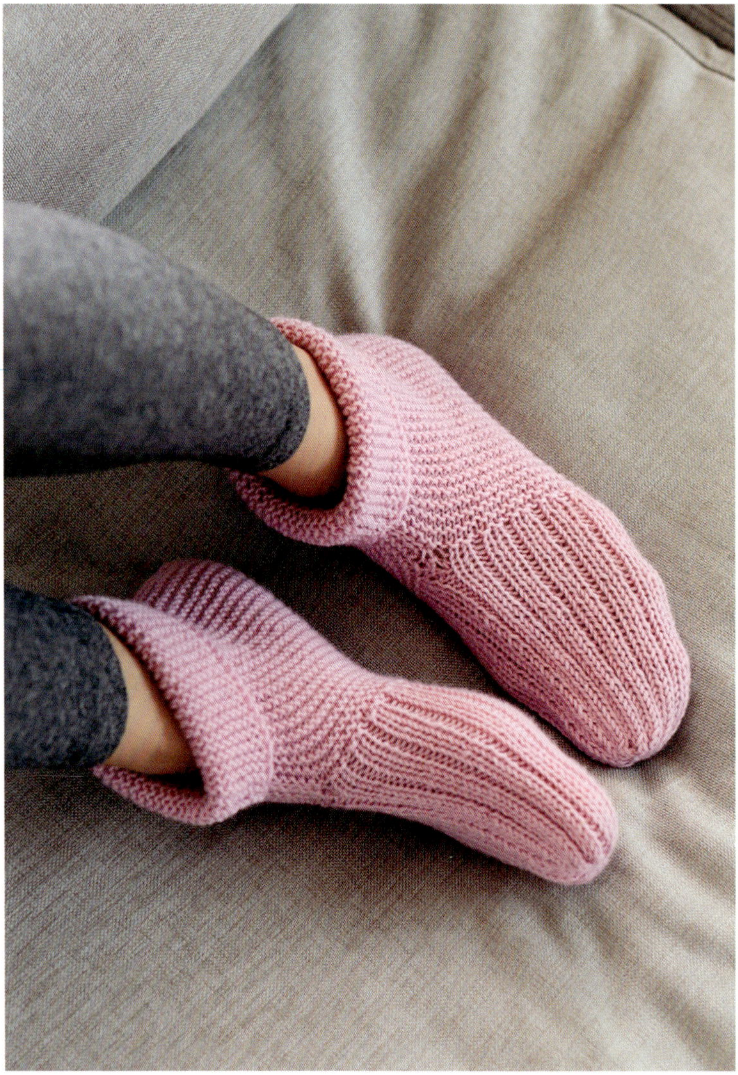

Anleitung

Für Größe 38/39 in der hinteren Fersenmitte beginnend 87 M anschlagen (siehe 1. Zeile der Tabelle = 45 M plus 42 Schaft-M).
Für die Puschen mit Umschlag 52 R kraus rechts stricken (siehe 2. Zeile).
Für die Puschen mit Schnürung 52 R in folgender Einteilung stricken: Rand-M, 21 M Schaftmuster 1, 43 M kraus rechts, 21 M Schaftmuster 1, Rand-M.
Dies ergibt jeweils 13 cm ab Anschlag (siehe 3. Zeile).
Nun beidseitig je 21 M (= Schaft-M) abketten. Somit ist wieder die M-Zahl für die Basic-Puschen erreicht.
Den Vorderfuß und die Spitze arbeiten wie bei den Basic-Puschen von Seite 2 beschrieben.

Fertigstellung

Wie bei den Basic-Puschen arbeiten.
Nach dem Schließen der Nähte bei den Puschen mit Umschlag auch die vordere Abkettnaht der 21 Schaft-M schließen und den Schaft zur Hälfte nach außen umlegen.
Für die Puschen mit Schnürung aus doppelter Wolle in Azalee eine ca. 70 cm lange Kordel drehen, diese laut Foto durch die 1. glatt-rechte R fädeln und zur Schleife binden.

Den zweiten Puschen jeweils genauso arbeiten.

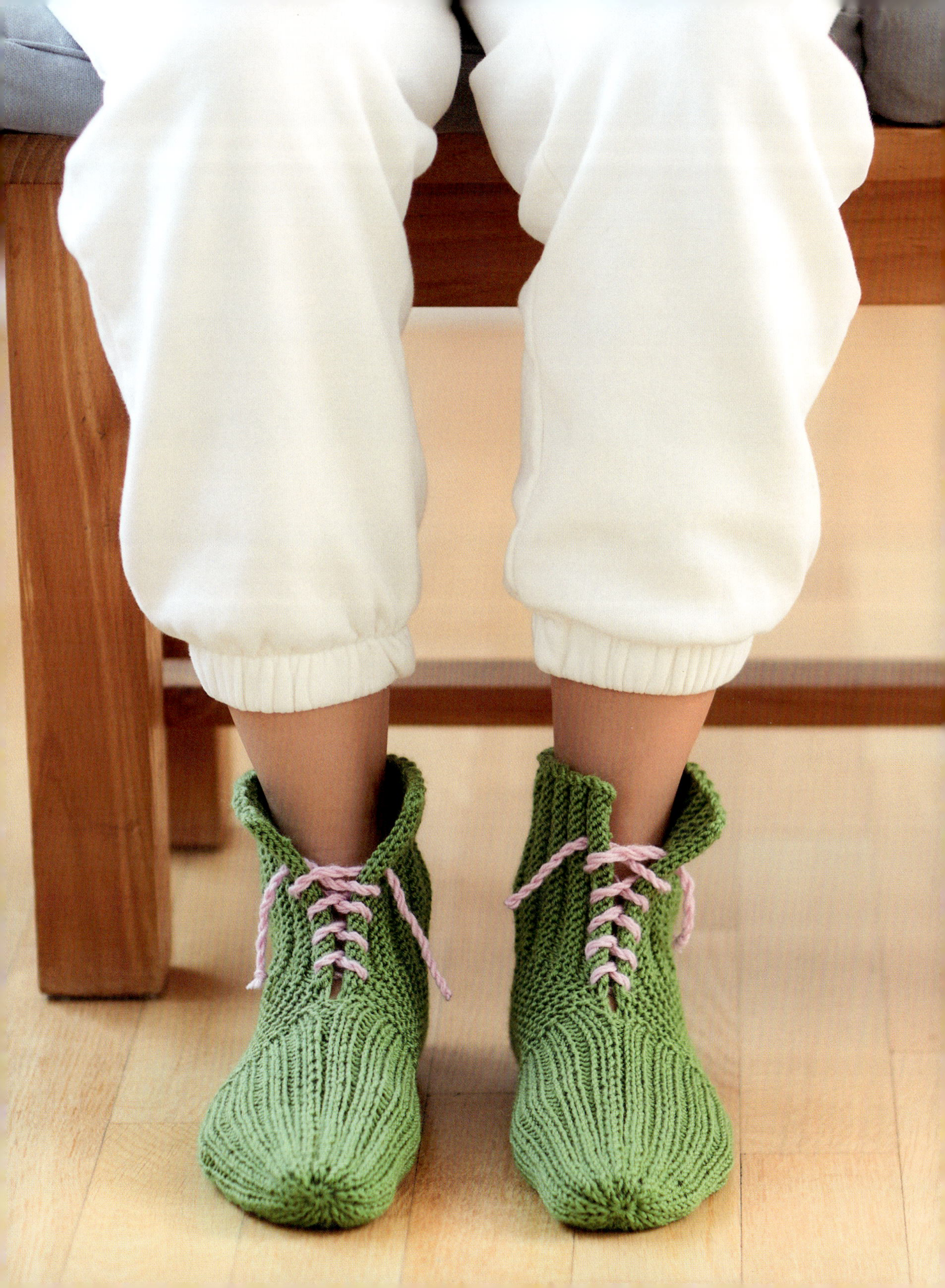

Puschen mit Rüschen

Größenhinweis: Entsprechend der nachfolgenden Anleitung können Puschen in den Größen 30/31 bis 46/47 mithilfe der Größentabelle zu den Basic-Puschen von Seite 2 gearbeitet werden. Dabei für den M-Anschlag die Angaben der 1. Zeile nehmen und zusätzlich für den Schaft weitere 42 M anschlagen.

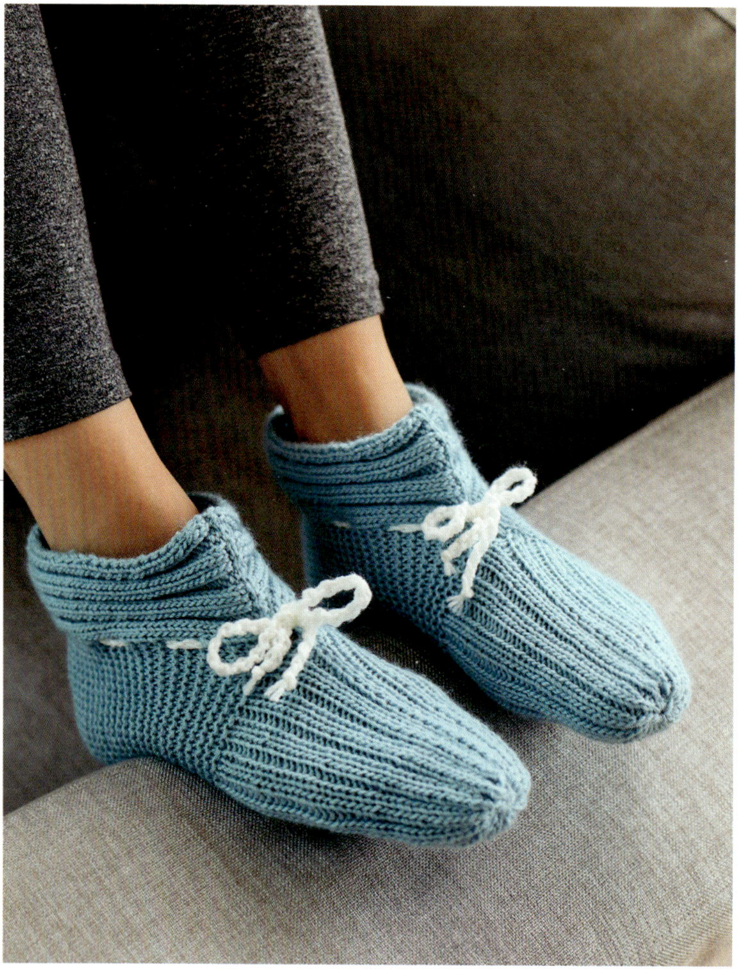

Anleitung

Für Größe 38/39 in der hinteren Fersenmitte beginnend 87 M anschlagen (siehe 1. Zeile der Tabelle = 45 M plus 42 Schaft-M). Danach das Muster wie folgt einteilen: Rand-M, 21 M Schaftmuster 2, 43 M kraus rechts, 21 M Schaftmuster 2, Rand-M. In dieser Einteilung 52 R stricken (siehe 2. Zeile). Dies ergibt 13 cm ab Anschlag (siehe 3. Zeile).
Nun beidseitig je 21 M (= Schaft-M) abketten. Somit ist wieder die M-Zahl für die Basic-Puschen erreicht.
Den Vorderfuß und die Spitze arbeiten wie bei den Basic-Puschen von Seite 2 beschrieben.

Fertigstellung

Wie bei den Basic-Puschen arbeiten. Nach dem Schließen der Nähte auch die vordere Abkettnaht der 21 Schaft-M schließen.
Für die Kordel aus doppelter weißer Wolle eine Anfangsschlinge für eine Luft-M-Kette arbeiten. Nun abwechselnd mal mit dem einen Faden, mal mit dem anderen Faden 1 Luft-M häkeln. Auf diese Weise 135 lockere Luft-M häkeln. Danach den Faden abschneiden und durch die Schlinge ziehen. Die Kordel unterhalb des Schaftmusters jeweils durch die 1. kraus rechte M ziehen. Dann die Enden jeweils verknoten und zurückschneiden.

Den zweiten Puschen genauso arbeiten.

Puschen mit Knöpfen

Anleitung

Die Puschen wie die „Puschen mit Umschlag“ (Seite 6) stricken, jedoch nach 52 R kraus rechts die 21 Schaft-M nur auf einer Seite abketten. Auf der anderen Seite die 21 M für den Übertritt stilllegen. (Achtung: Beim zweiten Puschen gegengleich abketten und stilllegen, damit sich die Knopfleiste beim rechten und linken Fuß jeweils außen befindet.) Somit ist wieder die M-Zahl für die Basic-Puschen erreicht.

Den Vorderfuß und die Spitze arbeiten wie bei den Basic-Puschen.

Fertigstellung

Wie bei den Basic-Puschen arbeiten. Nach dem Schließen der Nähte über den stillgelegten 21 M für den Übertritt kraus rechts weiterstricken. Nach 20 R zwei Knopflöcher wie folgt einarbeiten: Rand-M, 2 M rechts, * die folgenden 2 M rechts zusammenstricken, 1 U auf die Nadel nehmen und 2 M rechts überzogen zusammenstricken *, 7 M rechts, von * bis * 1 x wiederholen, 2 M rechts, Rand-M. In der folgenden Rück-R aus den U jeweils 1 M rechts und 1 M rechts verschränkt herausstricken. Nach weiteren 4 R die M abketten. Knöpfe entsprechend der Knopflöcher auf den Puschen nähen.

Den zweiten Puschen bei der Fertigstellung gegengleich arbeiten.

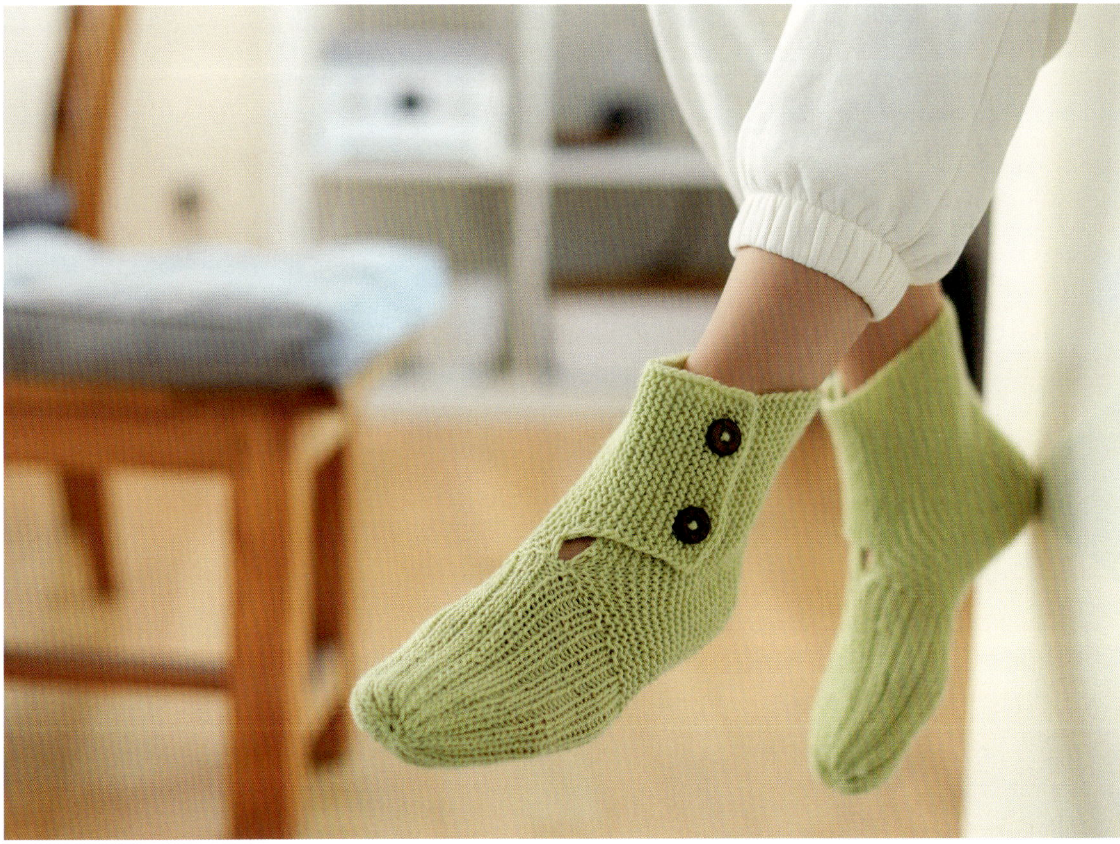

Puschen mit Kaffeebohnenmuster

Größenhinweis: Entsprechend der nachfolgenden Anleitung können Puschen in den Größen 30/31 bis 46/47 mithilfe der Größentabelle zu den Basic-Puschen von Seite 2 gearbeitet werden. Dabei für den M-Anschlag die Angaben der 1. Zeile nehmen und zusätzlich für den Schaft weitere 42 M anschlagen.

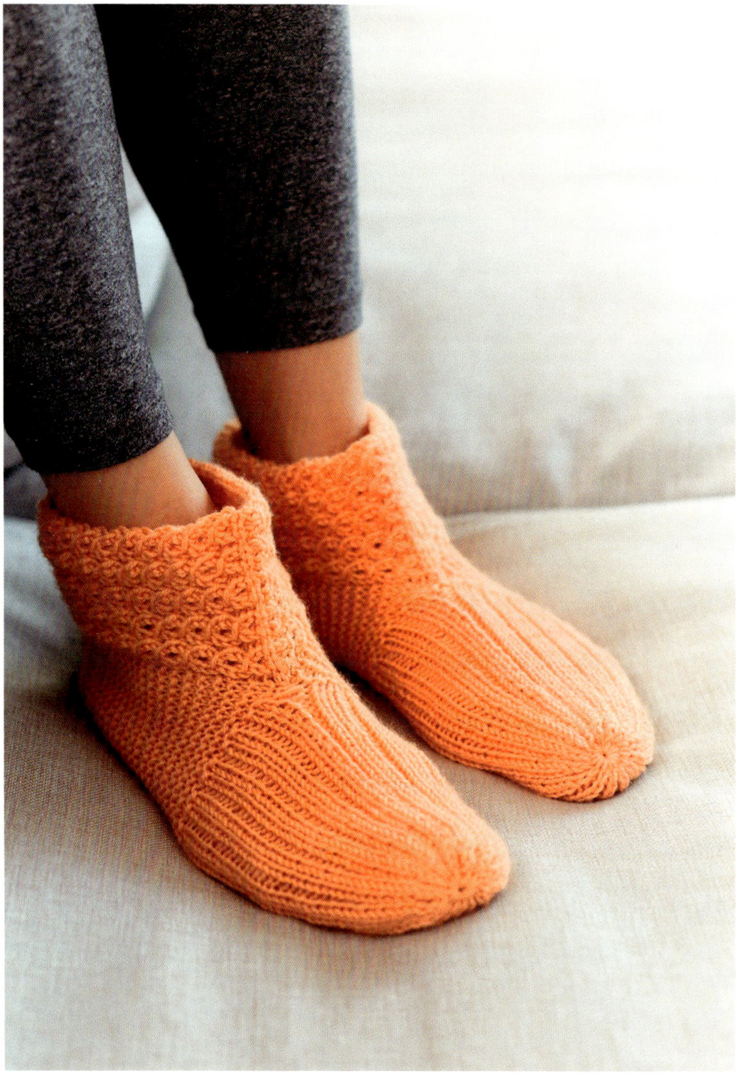

Anleitung

Für Größe 38/39 in der hinteren Fersenmitte beginnend 87 M anschlagen (siehe 1. Zeile der Tabelle = 45 M plus 42 Schaft-M für das Kaffeebohnenmuster). Danach das Muster wie folgt einteilen: Rand-M, 21 M Kaffeebohnenmuster, 43 M kraus rechts, 21 M Kaffeebohnenmuster, Rand-M. In dieser Einteilung 52 R stricken (siehe 2. Zeile). Dies ergibt 13 cm ab Anschlag (siehe 3. Zeile).
Nun beidseitig je 21 M (= Schaft-M) abketten. Somit ist wieder die M-Zahl für die Basic-Puschen erreicht.
Den Vorderfuß und die Spitze arbeiten wie bei den Basic-Puschen.

Fertigstellung

Wie bei den Basic-Puschen arbeiten. Nach dem Schließen der Nähte auch die vordere Abkettnaht der 21 Schaft-M schließen.

Den zweiten Puschen genauso arbeiten.

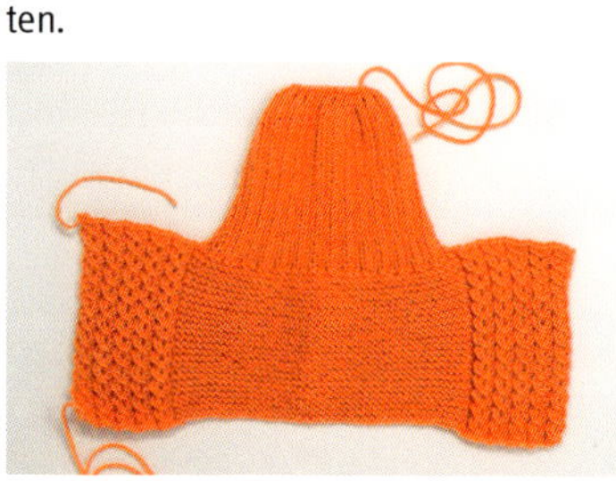

AUS DEM FARBTOPF

Slipper mit verkürzten Reihen

LEVEL

●●○

GRÖSSE

36/37 (38/39) 40/41

MATERIAL

- Woolly Hugs CHARITY (75 % Wolle, 15 % Polyamid, 10 % Polylactid, LL ca. 100 m/50 g) von L&K (www.VeronikaHug.com): je 50 g Grundfarbe Garnreste in 7 Schmuckfarben (Farben A–G)
- Stricknadeln 3,0–4,0 mm
- 1 Stopfnadel

MASCHENPROBE

23 M und 34 R
= 10 cm x 10 cm

YouTube-Video zur Veranschaulichung der verkürzten Reihen: https://youtu.be/LQ0Y9bsJ8tA

Muster

Randmaschen

In Hin- und Rück-R die 1. M links abheben, dabei den Faden vor der Arbeit mitführen, die letzte M rechts stricken.

Kraus rechts

Stets rechte M stricken.

Streifenfolge

Abwechselnd je 1 verkürzte Hin- und Rück-R in den unterschiedlichen Schmuckfarben. Dabei die Farben A bis G stets wiederholen.

... weiter geht es auf Seite 12

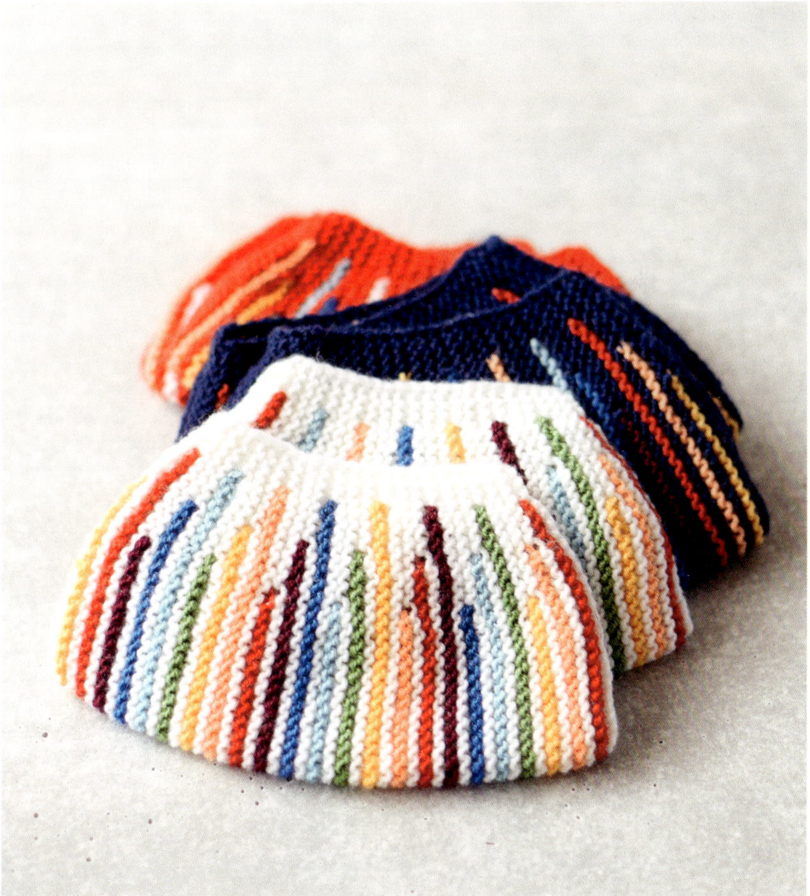

Anleitung

Hinweis: Beim Farbwechsel innerhalb der R jeweils die Fäden miteinander verkreuzen, damit keine Löcher entstehen.

In der Grundfarbe 46 (50) 54 M anschlagen (dabei den Anfangsfaden für das spätere Zusammennähen ca. 30 cm lang hängen lassen) und 1 Rück-R rechte M stricken.
Weiter kraus rechts in verkürzten R arbeiten: * 4 M in der Grundfarbe stricken, 38 (42) 46 M in Schmuckfarbe A stricken, bis noch 4 M auf der linken Nadel liegen.
Dann die Arbeit wenden und mit der Schmuckfarbe auf die rechte Nadel 1 U legen. Den U fest anziehen und die 38 (42) 46 M zurückstricken.
Die Arbeit wenden, mit der Grundfarbe 1 U auf die Nadel legen und die R zu Ende stricken, dabei den U mit der folgenden M rechts zusammenstricken.
Die folgende Rück-R über alle M stricken, dabei den U mit der folgenden M rechts verschränkt zusammenstricken.
8 M in der Grundfarbe stricken, 30 (34) 38 M in Schmuckfarbe B stricken, bis noch 8 M auf der linken Nadel liegen.
Die Arbeit wenden und mit der Schmuckfarbe 1 U auf die rechte Nadel legen. Den U fest anziehen und die 30 (34) 38 M zurückstricken.
Die Arbeit wenden, mit der Grundfarbe 1 U auf die Nadel legen und die R zu Ende stricken, dabei den U mit der folgenden M rechts zusammenstricken.
Die folgende Rück-R über alle M stricken, dabei den U mit der folgenden M rechts verschränkt zusammenstricken.
12 M in der Grundfarbe stricken, dann 22 (26) 30 M in Schmuckfarbe C stricken, bis noch 12 M auf der linken Nadel liegen.
Die Arbeit wenden und mit der Schmuckfarbe 1 U auf die rechte Nadel legen. Den U fest anziehen und die 22 (26) 30 M zurückstricken.
Die Arbeit wenden, mit der Grundfarbe 1 U auf die Nadel legen und die R zu Ende stricken, dabei den U mit der folgenden M rechts zusammenstricken.
Die folgende Rück-R über alle M stricken, dabei den U mit der folgenden M rechts verschränkt zusammenstricken.
Ab * stets wiederholen und für die Schmuckfarben die Streifenfolge beachten.
Nach insgesamt 22 (24) 26 verkürzten R alle M rechts abketten. Den Faden ca. 30 cm lang abschneiden.

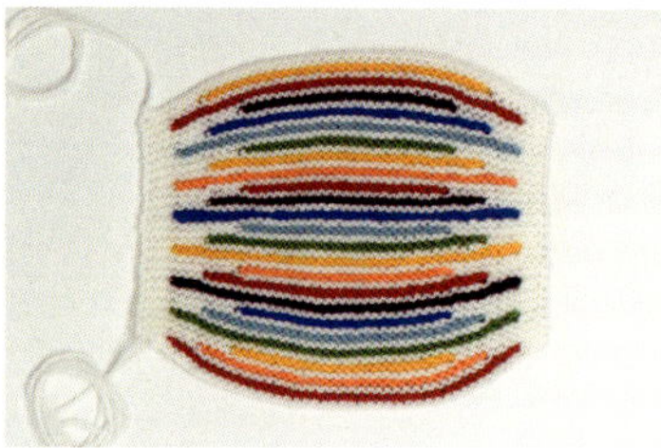

Fertigstellung

Wie beim Modell „Streifen sind hip" von Seite 25 arbeiten.

Den zweiten Slipper genauso arbeiten.

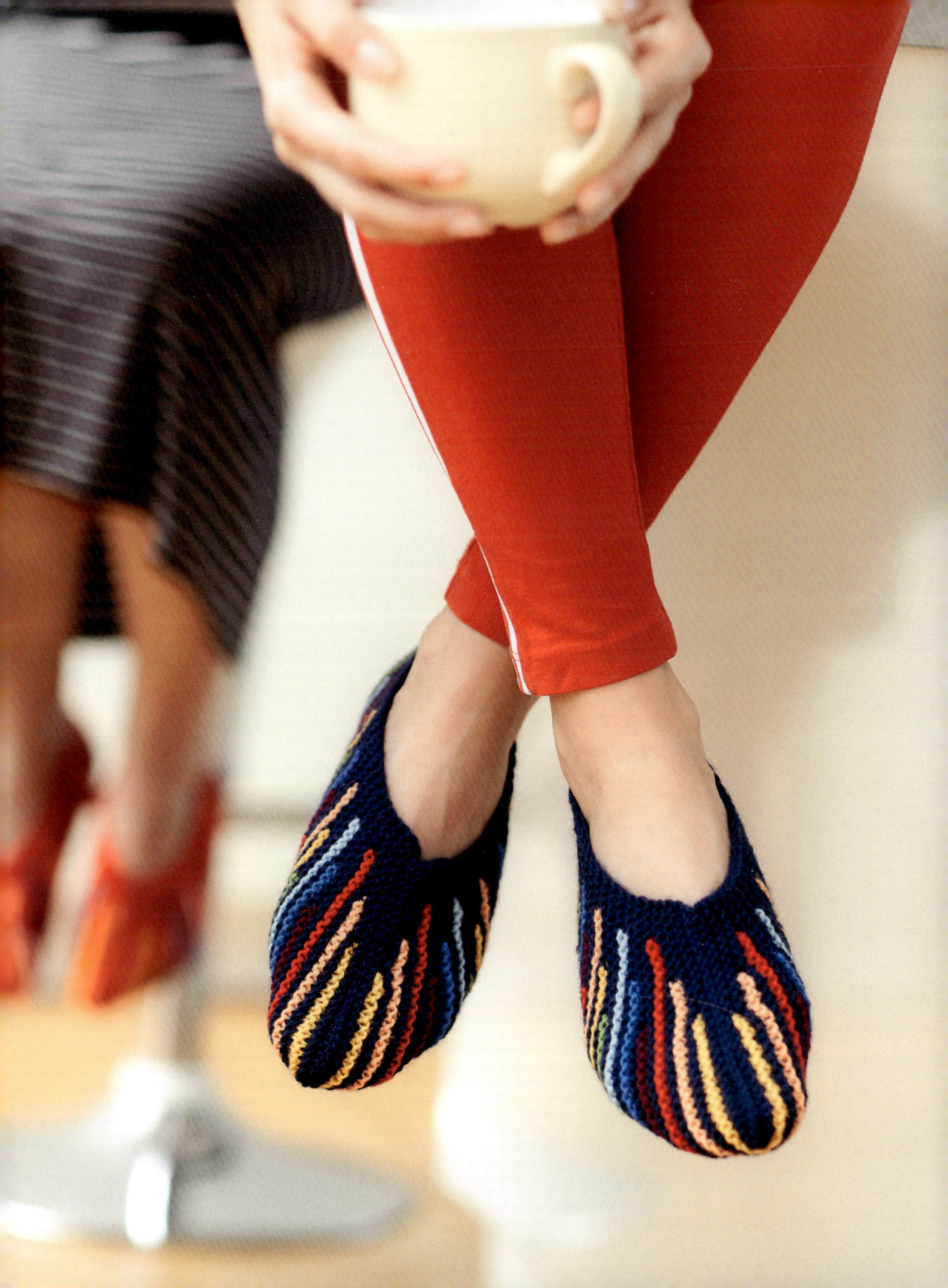

MARITIMES FLAIR

Marine-Puschen

LEVEL

●●○

GRÖSSE

20/21–46/47

MATERIAL

- Woolly Hugs CHARITY (75 % Wolle, 15 % Polyamid, 10 % Polylactid, LL ca. 100 m/50 g) von L&K (www.VeronikaHug.com): je 50 g Rot (Farbe 30), Weiß (Farbe 01) und Marine (Farbe 50)
- Stricknadeln 3,0–4,0 mm
- 1 Häkelnadel 3,0–4,0 mm für die Applikationen
- 1 Stopfnadel

MASCHENPROBE

23 M und 34 R
= 10 cm x 10 cm

Muster

Randmaschen

In Hin- und Rück-R die 1. M links abheben, dabei den Faden vor der Arbeit mitführen, die letzte M rechts stricken.

Kraus rechts

Stets rechte M stricken.

2 Maschen rechts überzogen zusammenstricken

1 M wie zum Rechtsstricken abheben, 1 M rechts stricken, dann die abgehobene M darüberziehen.

Rippenmuster

Die M-Zahl muss durch 3 teilbar sein, plus 1 zusätzliche M, damit das Muster rechts und links aufgeht, plus 2 Rand-M. Hin-R: Rand-M, 1 M links, 2 M rechts im Wechsel, enden mit 1 M links, Rand-M; Rück-R: Rand-M, 1 M rechts, 2 M links im Wechsel, enden mit 1 M rechts, Rand-M.

Farbwechsel

Bereits in der letzten Rück-R vor dem Farbwechsel die Rand-M mit der neuen Farbe rechts abstricken.

Streifenfolge

Puschen mit Steuerrad

* 10 R in Rot, 4 R in Marine, ab * stets wiederholen. Den Vorderfuß in Weiß stricken.

Puschen mit Muschel

* 2 R in Rot, 14 R abwechselnd je 2 R in Weiß und Marine, ab * stets wiederholen. Die Spitze in Rot stricken.

Puschen mit Rettungsring

* 6 R in Marine, 2 R in Weiß, ab * stets wiederholen. Den Vorderfuß in Rot stricken.

Größenhinweis: Entsprechend der nachfolgenden Anleitung können Puschen in den Größen 20/21 bis 46/47 mithilfe der Größentabelle zu den Basic-Puschen von Seite 2 gearbeitet werden, dabei für den M-Anschlag die 6. Zeile und für den Vorderfuß die 7. Zeile beachten.

... weiter geht es auf Seite 16

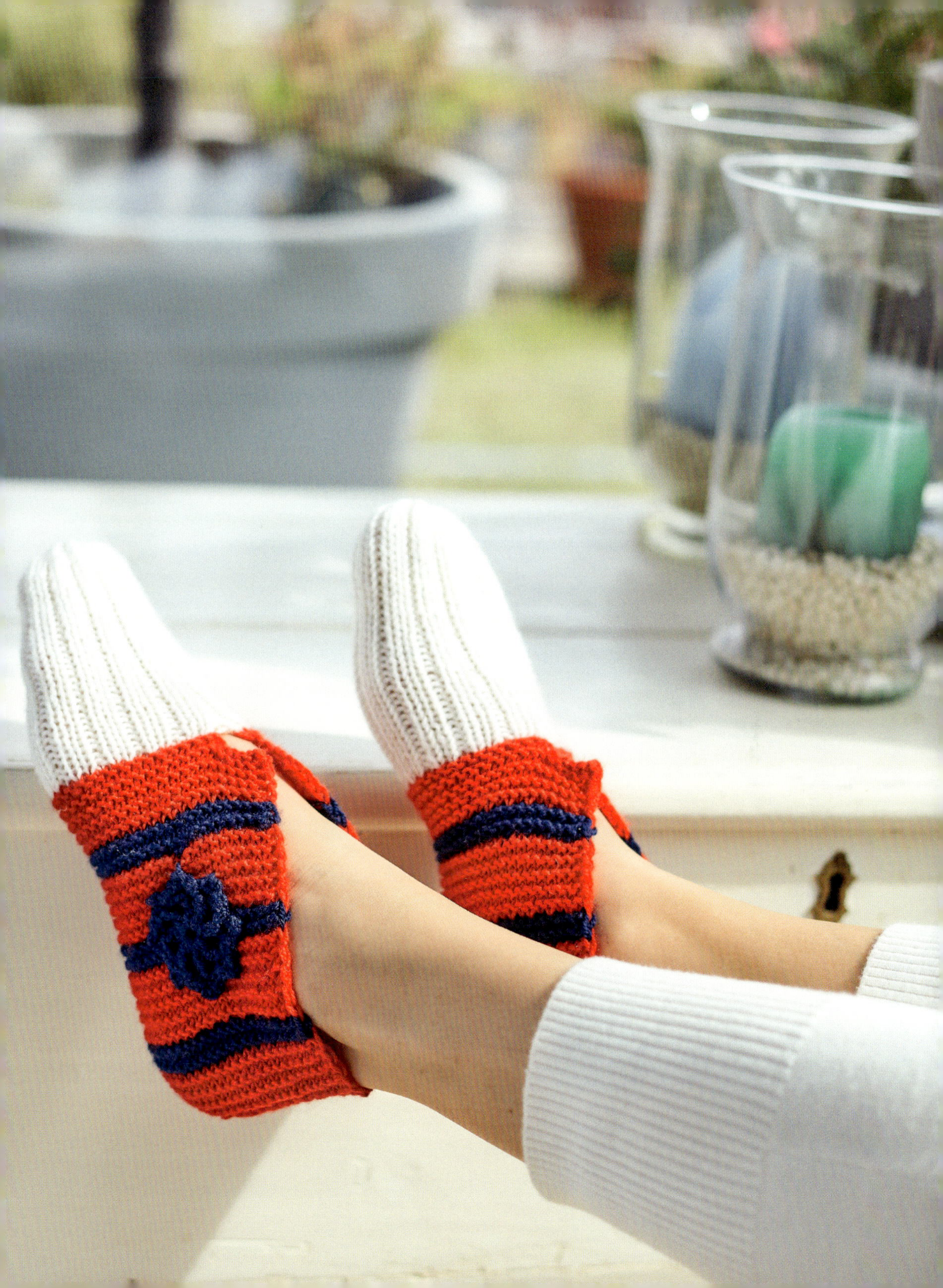

Anleitung

Zu den Basic-Puschen gibt es ein YouTube-Video (Link siehe Seite 2). Im Unterschied zu den Basic-Puschen werden hier mehr M angeschlagen, da die Marine-Puschen höher sind.

Für Größe 38/39 in der hinteren Fersenmitte beginnend 55 M anschlagen (siehe 6. Zeile der Tabelle) und 52 R kraus rechts stricken (siehe 2. Zeile). Dies ergibt 13 cm ab Anschlag (siehe 3. Zeile).
Nun beidseitig je 5 M abketten (siehe 7. Zeile).
Über den restlichen 45 M (siehe 1. Zeile) für den Vorderfuß 36 R im Rippenmuster stricken (siehe 4. Zeile).
Die Spitze arbeiten wie bei den Basic-Puschen beschrieben.

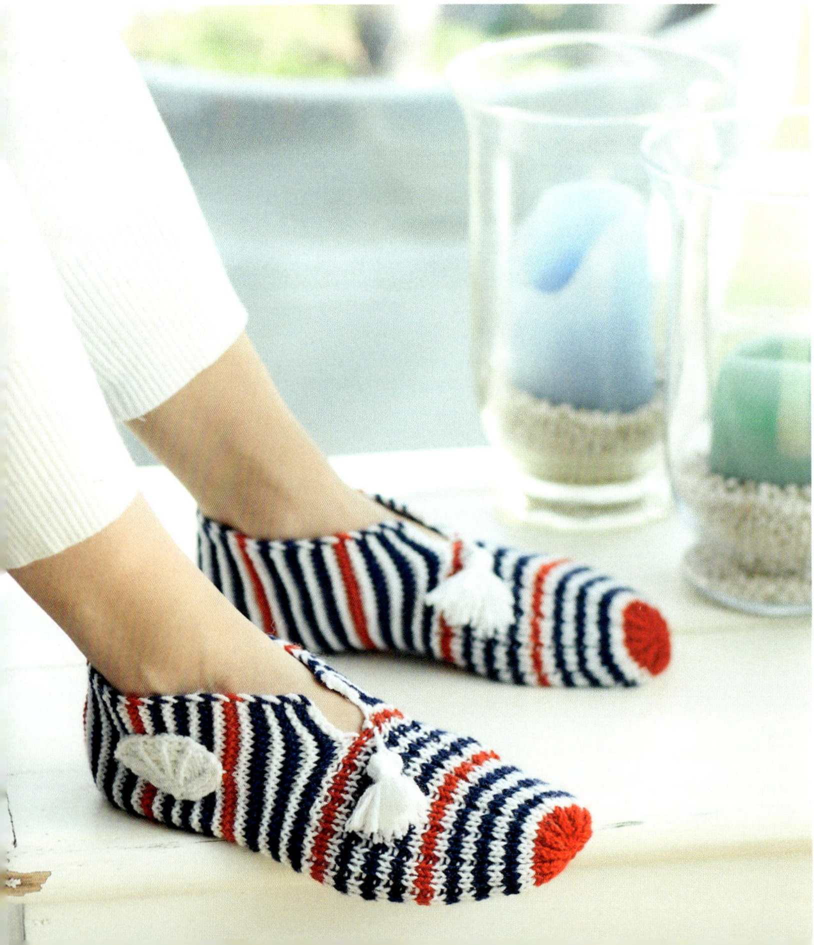

Fertigstellung

Wie bei den Basic-Puschen arbeiten. Dann die Applikationen arbeiten.
Steuerrad: Mit der Häkelnadel 6 Luft-M in Marine anschlagen und mit 1 Kett-M zum Ring schließen. In der 1. Rd in den Ring 8 x 1 Stäbchen plus 3 Luft-M häkeln, dabei das 1. Stäbchen durch 3 Luft-M ersetzen. Die Rd mit 1 Kett-M in die 3. Ersatz-Luft-M schließen. Für die 2. Rd mit 1 Kett-M zum 1. Luft-M-Bogen vorgehen und um jeden Luft-M-Bogen 2 feste M und 1 Pikot (= 3 Luft-M und 1 feste M zurück in die 1. Luft-M) häkeln. Die Rd mit 1 Kett-M in die 1. feste M schließen und enden. Mit dem Endfaden die Applikation laut Foto aufnähen. Zum Schluss die Fäden vernähen.
Rettungsring: Mit der Häkelnadel 10 Luft-M in Weiß anschlagen und mit 1 Kett-M zum Ring schließen. Mit 2 zusätzlichen Steige-Luft-M für die Höhe beginnen und für die 1. Rd 4 x abwechselnd 3 Stäbchen in Weiß und 3 Stäbchen in Rot häkeln. Dabei beim Farbwechsel bereits die vorherige M mit der neuen Farbe abmaschen. Den nicht benötigten Faden auf der Rückseite der Arbeit mit umhäkeln. Die Rd mit 1 Kett-M in das 1. Stäbchen schließen und enden. Mit dem Endfaden die Applikation laut Foto aufnähen und die Fäden vernähen.
Muschel: Mit den Stricknadeln 21 M in Weiß anschlagen und die 1. R (= Rück-R) wie folgt stricken: Rand-M, 1 M rechts, * 1 M links verschränkt, 3 M

rechts, ab* 3x wiederholen, enden mit 1M links verschränkt, 1M rechts, Rand-M; 2.R (=Hin-R): M stricken, wie sie erscheinen, links verschränkte M in den Hin-R rechts verschränkt stricken; 3.R: wie die 1.R; 4.R: wie die 2.R, jedoch bei den linken M die 2. und 3.M stets links zusammenstricken = 17M; 5.R: M stricken, wie sie erscheinen. 6.R: wie die 4.R, jedoch die 2 linken M stets links zusammenstricken = 13M; 7.R: M stricken, wie sie erscheinen; 8.R: Rand-M, 1M links, 4x 2M rechts überzogen zusammenstricken, 1M rechts verschränkt, 1M links, Rand-M = 9M; 9.R: zwischen den Rand-M rechte M stricken; 10.R: Rand-M, 4x je 2M rechts überzogen zusammenstricken = 5M; 11.R: wie 9.R. Den Faden ca. 30cm lang abschneiden und durchziehen. Die M mit dem Arbeitsfaden zusammenziehen. Mit dem Endfaden die Applikation laut Foto aufnähen und die Fäden vernähen.

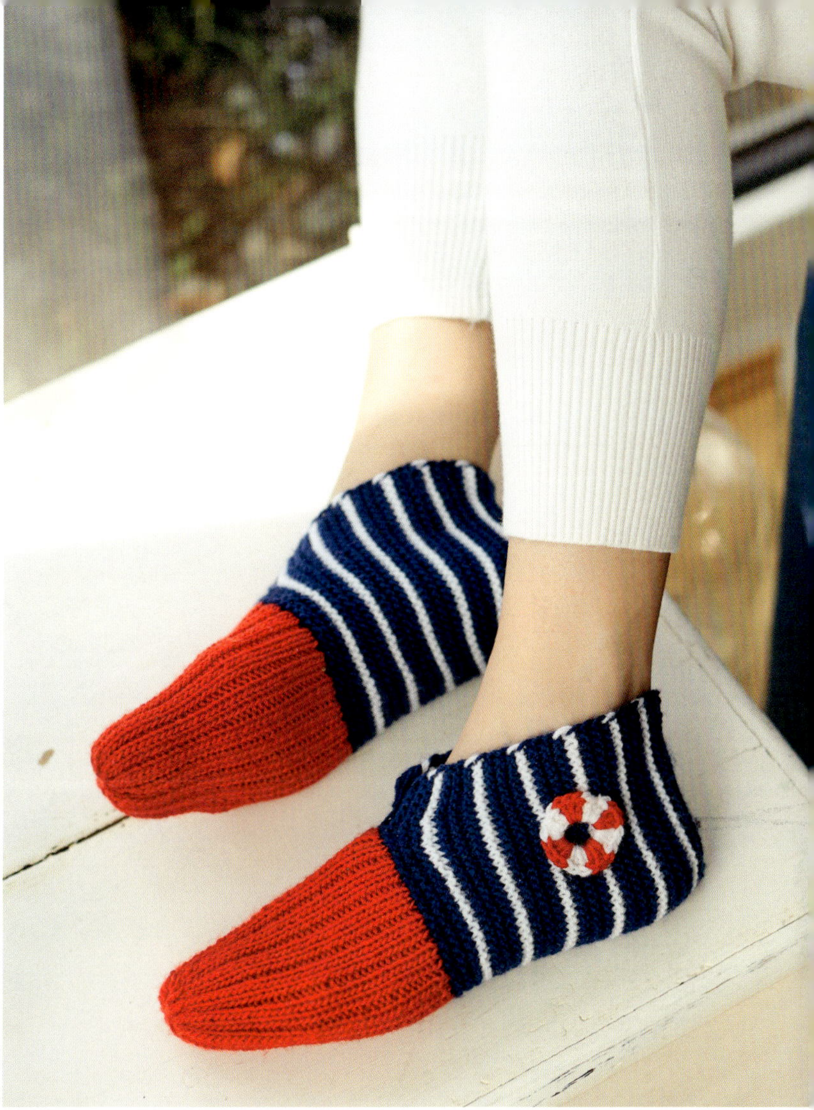

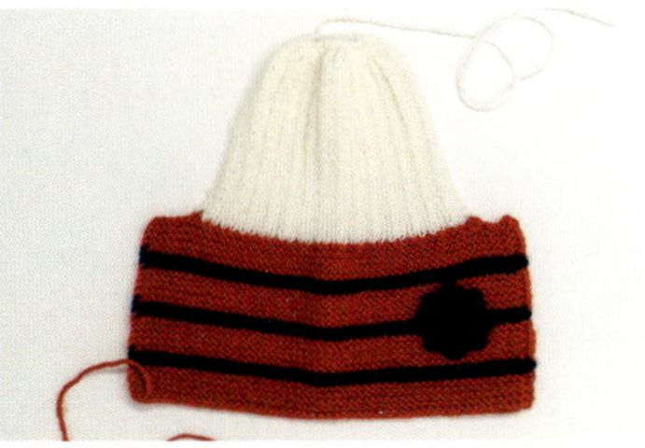

Quaste: Aus doppelter Wolle in Wunschfarbe eine kurze Kordel drehen, dabei jedoch einen einzelnen Faden ca. 30cm lang lassen. Das Kordelende verknoten, den langen Faden aus dem Knoten ziehen und auf eine Stopfnadel fädeln.
Die Wolle mehrmals um 3 Finger oder z.B. ein 5cm breites Lineal wickeln. Auf einer Seite den langen Faden der Kordel durchziehen, mit der Stopfnadel durch den Knoten der Kordel und nochmals an der gleichen Stelle durch die Wicklung ziehen. Dann den Faden erneut durch den Knoten ziehen. Anschließend die Wicklung von den Fingern bzw. dem Lineal nehmen und ca. 1cm unterhalb des Bogens abbinden. Auf der anderen Seite die Wicklung aufschneiden und die Quaste gleichmäßig zurückschneiden. Die Quaste mit der Kordel laut Foto an den Puschen nähen. Zum Schluss die Fäden vernähen.

Den zweiten Puschen genauso arbeiten, jedoch die Applikationen gegengleich aufnähen.

VOM FEINSTEN

Ballerinas

LEVEL

●●○

GRÖSSE

32/33–44/45

MATERIAL

- Woolly Hugs CHARITY (75 % Wolle, 15 % Polyamid, 10 % Polylactid, LL ca. 100 m/50 g) von L&K (www.VeronikaHug.com): bis Größe 34/35 je 50 g Grundfarbe (hier: Petrol, Farbe 67), ab Größe 36/37 je 100 g Grundfarbe Garnreste in beliebiger Schmuckfarbe
- Stricknadeln 3,0–4,0 mm
- 1 Stopfnadel

MASCHENPROBE

23 M und 34 R
= 10 cm x 10 cm

YouTube-Video zur Veranschaulichung: https://youtu.be/jbQc_piYSFI

Muster

Randmaschen

In Hin- und Rück-R die 1. M links abheben, dabei den Faden vor der Arbeit mitführen, die letzte M rechts stricken.

Kraus rechts

Stets rechte M stricken.

Rechts-Zunahme

Mit der rechten Nadel in die folgende M der darunterliegenden R von vorn nach hinten einstechen (= kraus rechte Schlinge der Vor-R), diese Schlinge auf die linke Nadel legen und rechts abstricken. Nun die darüberliegende M ebenfalls rechts abstricken.

Links-Zunahme

Mit der linken Nadel die darunterliegende Schlinge der zuletzt gestrickten M (= kraus rechte Schlinge der Vor-R) von hinten nach vorn auffassen und rechts abstricken.

2 Maschen rechts überzogen zusammenstricken

1 M wie zum Rechtsstricken abheben, 1 M rechts stricken, dann die abgehobene M darüberziehen.

Größenhinweis: Entsprechend der nachfolgenden Anleitung können Puschen in den Größen 32/33 bis 44/45 mithilfe der Größentabelle von Seite 21 gearbeitet werden.

Anleitung

Für Größe 38/39 für die Fersenrückwand 22 M (siehe 1. Zeile der Tabelle) in der Grundfarbe anschlagen und 1 Rück-R rechte M stricken. Kraus rechts weiterarbeiten, dabei in der folgenden Hin-R aus der 3.-letzten M für die Fersenrundung 1 Rechts-Zunahme arbeiten und die restlichen 2 M rechts stricken = 23 M. Diese Zunahme noch 2 x (siehe 2. Zeile) in jeder folgenden Hin-R (jeweils aus der 3.-letzten M) wiederholen. Über diese 25 M (siehe 3. Zeile) stricken, bis auf der Vorderseite insgesamt 5 Kraus-rechts-Rippen liegen = 10 R (siehe 4. Zeile).
In der folgenden Hin-R für den Fußausschnitt am rechten Rand die 3. und 4. M rechts überzogen zusammenstricken. Diese Abnahme noch 4 x in jeder 6. R wiederholen, sodass insgesamt 5 M abgenommen werden (siehe 5. Zeile). Über den restlichen 20 M (siehe 6. Zeile) weiterarbeiten, bis auf der Vorderseite 33 Kraus-rechts-Rippen liegen = 66 R (siehe 7. Zeile), dabei in der letzten Rück-R die Rand-M am linken Rand bereits mit der Schmuckfarbe abstricken.
Nun für die Fußspitze in verkürzten R wie folgt arbeiten: * Die folgende Hin-R mit der Schmuckfarbe über alle M stricken. In der folgenden Rück-R nur 15 M (siehe 8. Zeile) stricken, sodass noch 5 M auf der linken Nadel liegen.
Dann die Arbeit wenden und auf die rechte Nadel 1 U legen. Den U fest anziehen und die 15 M zurückstricken.

... weiter geht es auf Seite 20

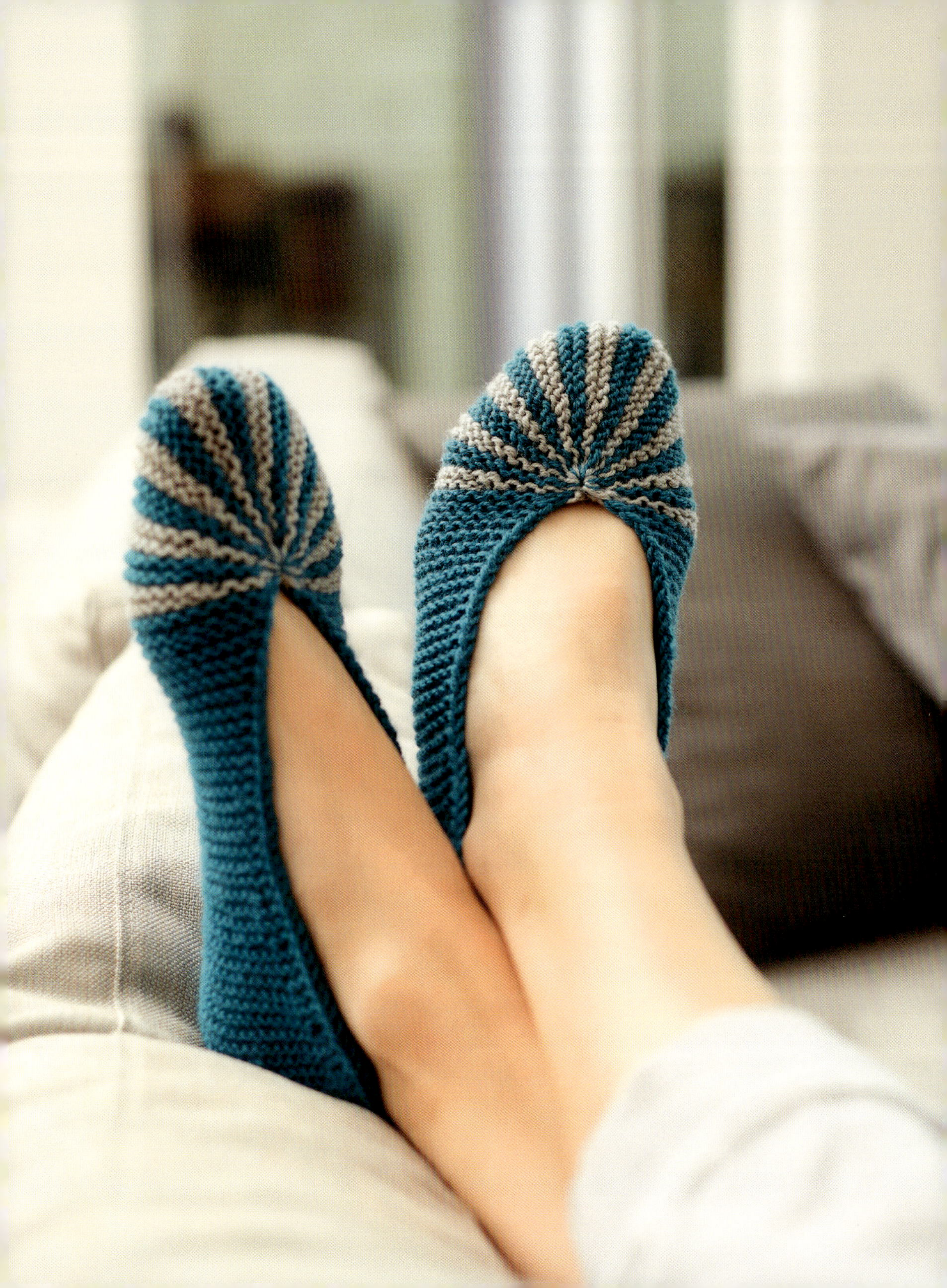

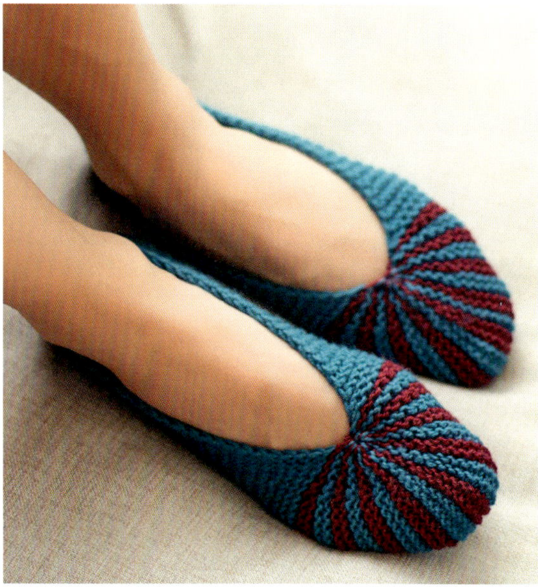

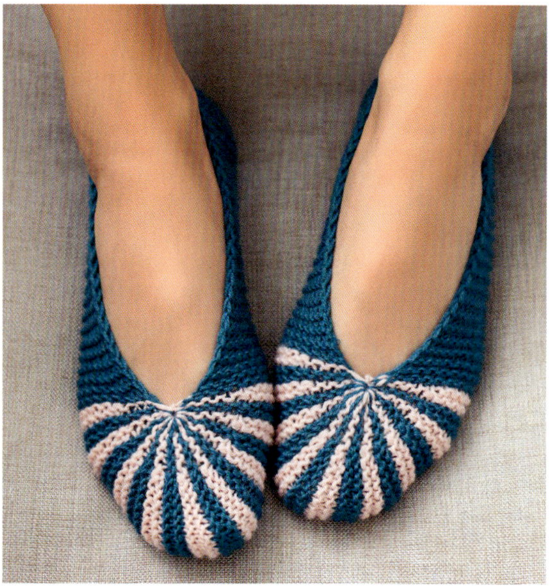

Die Arbeit wenden und in der folgenden Rück-R nach 15 M den U mit der folgenden M rechts zusammenstricken. Danach 3 M stricken und die Rand-M bereits wieder in der Grundfarbe abstricken.
Nun ab * in der Grundfarbe wiederholen. Danach ab * abwechselnd in der Schmuckfarbe und in der Grundfarbe wiederholen, bis 9 Streifen in der Schmuckfarbe vorhanden sind (= 17 verkürzte R).
Nun ist die Fußspitze fertig. Den Faden der Schmuckfarbe für das Zusammenziehen der M ca. 20 cm lang abschneiden.
Danach in der Grundfarbe über alle M stricken, bis auf der Vorderseite 15 Kraus-rechts-Rippen liegen = 30 R (siehe 9. Zeile). In der folgenden Hin-R für den Beginn des Fußausschnittes am rechten Rand aus der 3. M 1 Rechts-Zunahme arbeiten. Diese Zunahme noch 4 x in jeder 6. R wiederholen, sodass insgesamt 5 M (siehe 10. Zeile) zugenommen werden.
Über den 25 M (siehe 11. Zeile) weiterarbeiten, bis 30 Kraus-rechts-Rippen ab den verkürzten R für die Fußspitze auf der Vorderseite liegen = 60 R (siehe 12. Zeile). In der folgenden Hin-R für die Fersenrundung die 4.- und 3.-letzte M rechts zusammenstricken. Diese Abnahme über den gleichen Stellen 2 x in jeder folgenden Hin-R wiederholen, sodass insgesamt 3 M (siehe 13. Zeile) abgenommen werden. Die restlichen 22 M (siehe 14. Zeile) in der folgenden Rück-R abketten und den Faden (zum späteren Zusammennähen) in ca. 2,5-facher Länge des Strickstücks abschneiden.

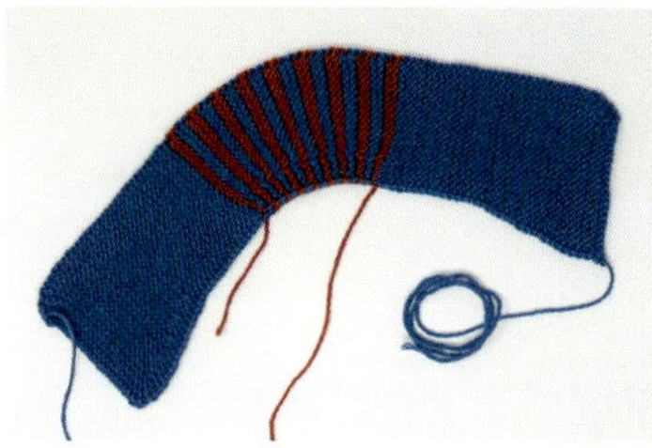

Fertigstellung

Den langen Faden der Schmuckfarbe auf die Stopfnadel ziehen, mit dieser alle Rand-M ab Beginn der verkürzten R erfassen und den Faden durchziehen. Dann die Rand-M zusammenziehen und ein zweites Mal den Faden durch alle Rand-M ziehen. Anschließend den Faden mit dem Anfangsfaden der Schmuckfarbe 2 x verknoten und diese beiden Fäden auf der Innenseite vernähen.

Nun mit dem langen Abschlussfaden für die rückwärtige Fersenwand die Anschlag- und Abkettkante auf der rechten Seite schließen. Dabei jede M erfassen und abwechselnd mit der Nadel durch eine M der Anschlagkante und auf der anderen Seite durch die gleiche M der Abkettkante einstechen und den Faden durchziehen. Dann durch die folgende M der Abkettkante und auf der anderen Seite durch die entsprechende M der Anschlagkante einstechen und den Faden durchziehen. Diesen Vorgang bis zur Rand-M für die untere Sohle wiederholen. Hier die Naht auf die gleiche Weise schließen, jedoch nach jeder 2. M 1 x zurück stechen, um die Naht zu verstärken. Sind an der Spitze noch 5 Streifen offen (2,5 Streifen auf jeder Seite), den Faden mit einem Knoten fixieren und durch die Rand-M der noch offenen Streifen ziehen. Dann die Rand-M zusammenziehen, den Faden nochmals durch die Rand-M führen und verknoten. Zum Schluss alle Fäden vernähen.

Den zweiten Schuh genauso arbeiten.

Größentabelle

Maschenprobe mit Nadeln 3,0–4,0 mm glatt rechts gestrickt: 23 Maschen und 34 Reihen = 10 cm x 10 cm

	Größe	32/33	34/35	36/37	38/39	40/41	42/43	44/45
1	Maschenanschlag Fersenrückwand	20	21	21	22	22	23	23
2	Zunahmen für Fersenrundung	2	2	3	3	3	3	3
3	Maschen nach Ferse	22	23	24	25	25	26	26
4	Reihen ab Anschlag/Beginn Fußausschnitt	8	8	10	10	10	12	12
5	Abnahmen Fußausschnitt	4	4	5	5	5	5	5
6	Maschen nach Fußausschnitt	18	19	19	20	20	21	21
7	Reihen ab Anschlag/Beginn Fußspitze	48	54	60	66	72	78	84
8	Maschen verkürzte Reihen	13	14	14	15	15	16	16
9	Reihen ab Fußspitze/ Beginn Zunahmen Fußausschnitt	20	26	24	30	36	42	48
10	Zunahmen Fußausschnitt	4	4	5	5	5	5	5
11	Maschen nach Zunahmen Fußausschnitt	22	23	24	25	25	26	26
12	Reihen Beginn Fersenrundung	44	50	54	60	66	72	78
13	Abnahmen für Fersenrundung	2	2	3	3	3	3	3
14	Abzukettende Maschen für Fersenrückwand	20	21	21	22	22	23	23

HERZLICH WILLKOMMEN

Baby-Schühchen

LEVEL

●●○

GRÖSSE

16/17 (18/19) 20/21

MATERIAL

- Woolly Hugs CHARITY (75 % Wolle, 15 % Polyamid, 10 % Polylactid, LL ca. 100 m/50 g) von L&K (www.VeronikaHug.com): je 50 g Grundfarbe (hier: Weiß, Farbe 01) Garnreste in beliebiger Schmuckfarbe
- Stricknadeln 3,0–4,0 mm
- 1 Häkelnadel 3,0–4,0 mm
- 1 Stopfnadel

MASCHENPROBE

23 M und 34 R
= 10 cm x 10 cm

YouTube-Video zur Veranschaulichung: https://youtu.be/duOS3f2sG7s

Muster

Randmaschen

In Hin- und Rück-R die 1. M links abheben, dabei den Faden vor der Arbeit mitführen, die letzte M rechts stricken.

Kraus rechts

Stets rechte M stricken.

Links-Zunahme

Mit der linken Nadel die darunterliegende Schlinge der zuletzt gestrickten M (= kraus rechte Schlinge der Vor-R) von hinten nach vorn auffassen und rechts abstricken.

2 Maschen rechts überzogen zusammenstricken

1 M wie zum Rechtsstricken abheben, 1 M rechts stricken, dann die abgehobene M darüberziehen.

Anleitung

Für Größe 16/17 in der Grundfarbe 13 (14) 15 M angeschlagen und 1 Rück-R rechte M stricken. In der folgenden Hin-R die Rand-M und die folgende M stricken, dann für den Kordeldurchzug 1 U auf die Nadel nehmen und die folgenden 2 M überzogen zusammenstricken, weiter rechte M stricken und am Ende der R aus der 3.-letzten M für die Fersenrundung 1 Links-Zunahme arbeiten. Über diese 14 (15) 16 M kraus rechts stricken, bis auf der Vorderseite 9 (11) 13 Kraus-rechts-Rippen liegen, dabei in jeder Hin-R nach den ersten 2 M den Kordeldurchzug arbeiten.
In der folgenden Hin-R die Rand-M abheben, die folgende M rechts stricken und dann die Rand-M über die eben gestrickte M ziehen (= 1 M abketten). Die folgende M mit Blau (= Schmuckfarbe) abstricken und nochmals 1 M abketten = 12 M.
Nun in verkürzten R arbeiten: * Die folgende Hin-R mit der Schmuckfarbe über alle M stricken. In der folgenden Rück-R nur 9 (10) 11 M stricken, sodass noch 3 M auf der linken Nadel liegen.

... weiter geht es auf Seite 24

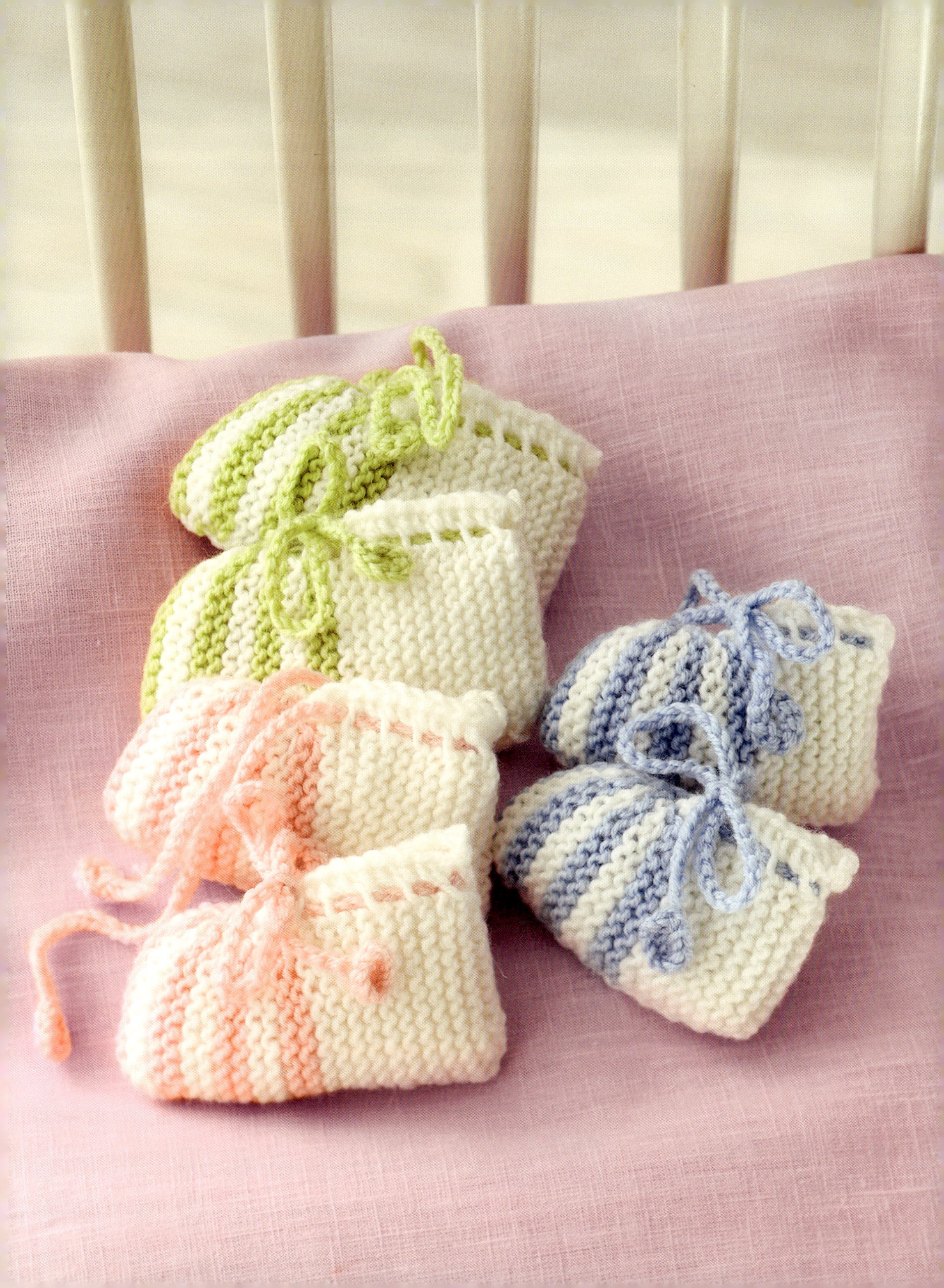

Dann die Arbeit wenden und auf die rechte Nadel 1 U legen. Den U fest anziehen und die 9 M zurückstricken.
Die Arbeit wenden und in der folgenden Rück-R nach 9 M den U mit der folgenden M rechts zusammenstricken.
Danach 1 M stricken und die Rand-M in der Grundfarbe abstricken.
Nun ab * in der Grundfarbe die gleichen verkürzten R wie mit der Schmuckfarbe wiederholen. Danach ab * abwechselnd in der Schmuckfarbe und in der Grundfarbe wiederholen, bis 7 Streifen in der Schmuckfarbe vorhanden sind (= 13 verkürzte R). Auch in der letzten Rück-R die Rand-M bereits in der Grundfarbe abstricken und 2 M neu dazu anschlagen = 14 M.
Den Faden der Schmuckfarbe für das Zusammenziehen der Rand-M ca. 20 cm lang abschneiden.
Danach in der Grundfarbe über alle 14 M 1 Hin- und Rück-R stricken. Danach kraus rechts weiterarbeiten, bis auf der Vorderseite 8 (10) 13 Kraus-rechts-Rippen liegen, und dabei wie vor den verkürzten R den Kordeldurchzug arbeiten. In der folgenden Hin-R für die Fersenrundung die 4.- und 3.-letzte M rechts zusammenstricken. Die restlichen 13 (14) 15 M in der folgenden Rück-R abketten und den Faden (zum späteren Zusammennähen) in ca. der 2,5-fachen Länge des Strickstücks abschneiden.

Fertigstellung

Zunächst für alle Größen arbeiten wie beim Modell „Vom Feinsten“ auf Seite 18 beschrieben.
Für Größe 16/17 für die Kordel in der Schmuckfarbe den Anfangsfaden ca. 20 cm hängen lassen und 90 (95) 100 Luft-M anschlagen. Dann 1 zusätzliche Luft-M häkeln und die letzten 7 Luft-M mit jeweils 1 Kett-M behäkeln. Anschließend in die 1. Kett-M nochmals 1 Kett-M arbeiten. Dadurch bildet sich am Ende der Luft-M-Kette ein Ring. Nun den Faden abschneiden, durchziehen und vernähen. Die Kordel mit dem Anfangsfaden durch die Lochrunde des Schühchens ziehen. Danach mit dem Anfangsfaden die ersten 7 Luft-M ebenfalls mit je 1 Kett-M behäkeln und in die 1. Kett-M nochmals 1 Kett-M arbeiten. Dann wie auf der anderen Seite enden.

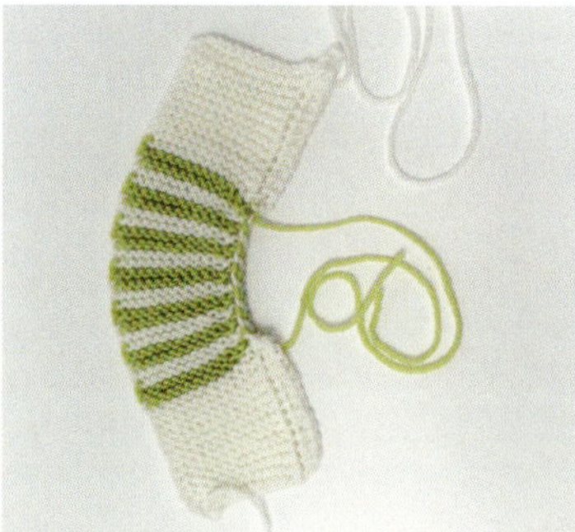

Das zweite Schühchen genauso arbeiten.

STREIFEN SIND HIP

Slipper mit verkürzten Reihen

LEVEL

●●○

GRÖSSE

36/37 (38/39) 40/41

MATERIAL

- Woolly Hugs CHARITY (75 % Wolle, 15 % Polyamid, 10 % Polylactid, LL ca. 100 m/50 g) von L&K (www.VeronikaHug.com): je 50 g Grundfarbe und Schmuckfarbe
- Stricknadeln 3,0–4,0 mm
- 1 Stopfnadel

MASCHENPROBE

23 M und 34 R
= 10 cm x 10 cm

YouTube-Video zur Veranschaulichung: https://youtu.be/LQ0Y9bsJ8tA

Muster

Randmaschen

In Hin- und Rück-R die 1. M links abheben, dabei den Faden vor der Arbeit mitführen, die letzte M rechts stricken.

Kraus rechts

Stets rechte M stricken.

... weiter geht es auf Seite 26

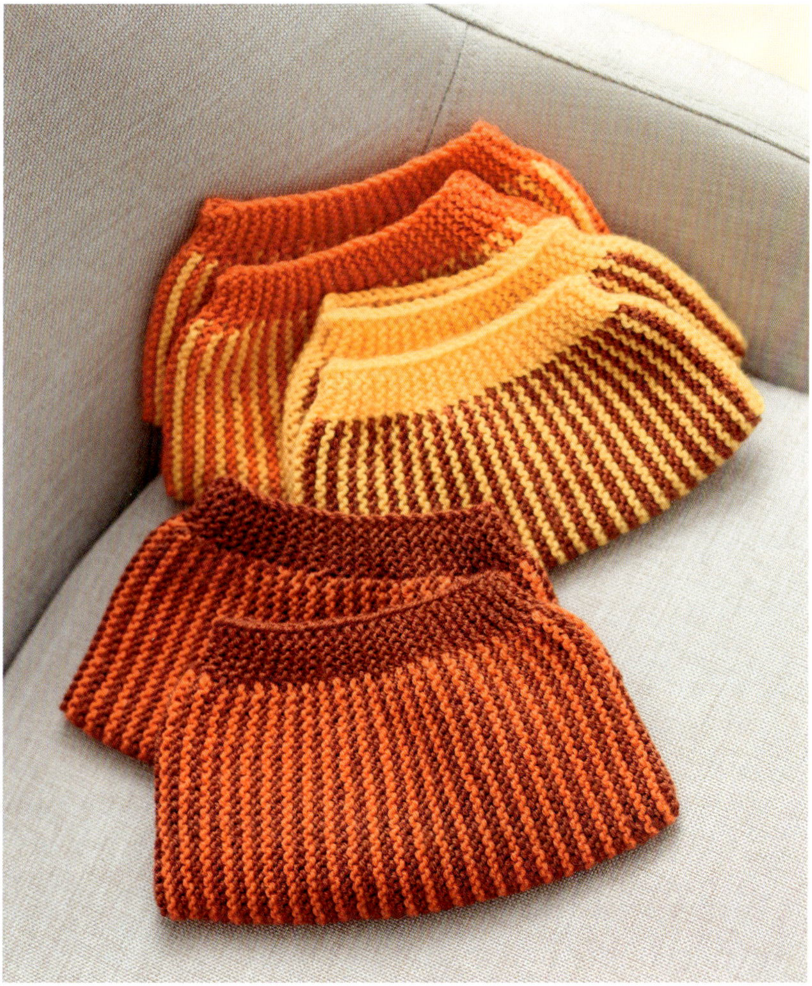

Anleitung

Hinweis: Beim Farbwechsel innerhalb der R jeweils die Fäden auf der Rückseite der Arbeit miteinander verkreuzen, damit keine Löcher entstehen.

In der Grundfarbe 46 (50) 54 M anschlagen (dabei den Anfangsfaden für das spätere Zusammennähen ca. 30 cm lang hängen lassen) und 1 Rück-R rechte M stricken.
Weiter kraus rechts in verkürzten R arbeiten: * 6 M in der Grundfarbe stricken, 34 (38) 42 M in der Schmuckfarbe stricken, bis noch 6 M auf der linken Nadel liegen.
Dann die Arbeit wenden und mit der Schmuckfarbe auf die rechte Nadel 1 U legen. Den U fest anziehen und die 34 (38) 42 M zurückstricken.

Die Arbeit wenden, mit der Grundfarbe 1 U auf die rechte Nadel legen und die R zu Ende stricken, dabei den U mit der folgenden M rechts zusammenstricken. Die folgende Rück-R über alle M arbeiten, dabei den U mit der folgenden M rechts verschränkt zusammenstricken. Ab * noch 21 (23) 25 x wiederholen. Dann die M in der Grundfarbe rechts abketten. Den Faden ca. 30 cm lang abschneiden.

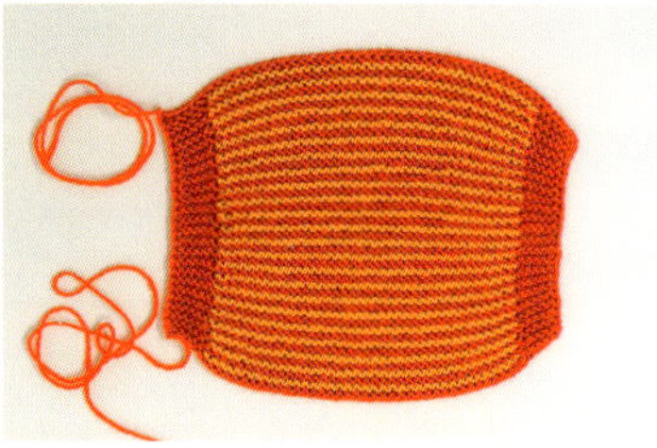

Fertigstellung

Die Anschlagkante links auf links aufeinanderlegen und die Naht schließen wie auf auf der Umschlagklappe für die Fersenrückwand beschrieben. Dann die Abkettkante genauso schließen. Zum Schluss alle Fäden vernähen.

Den zweiten Slipper genauso arbeiten.

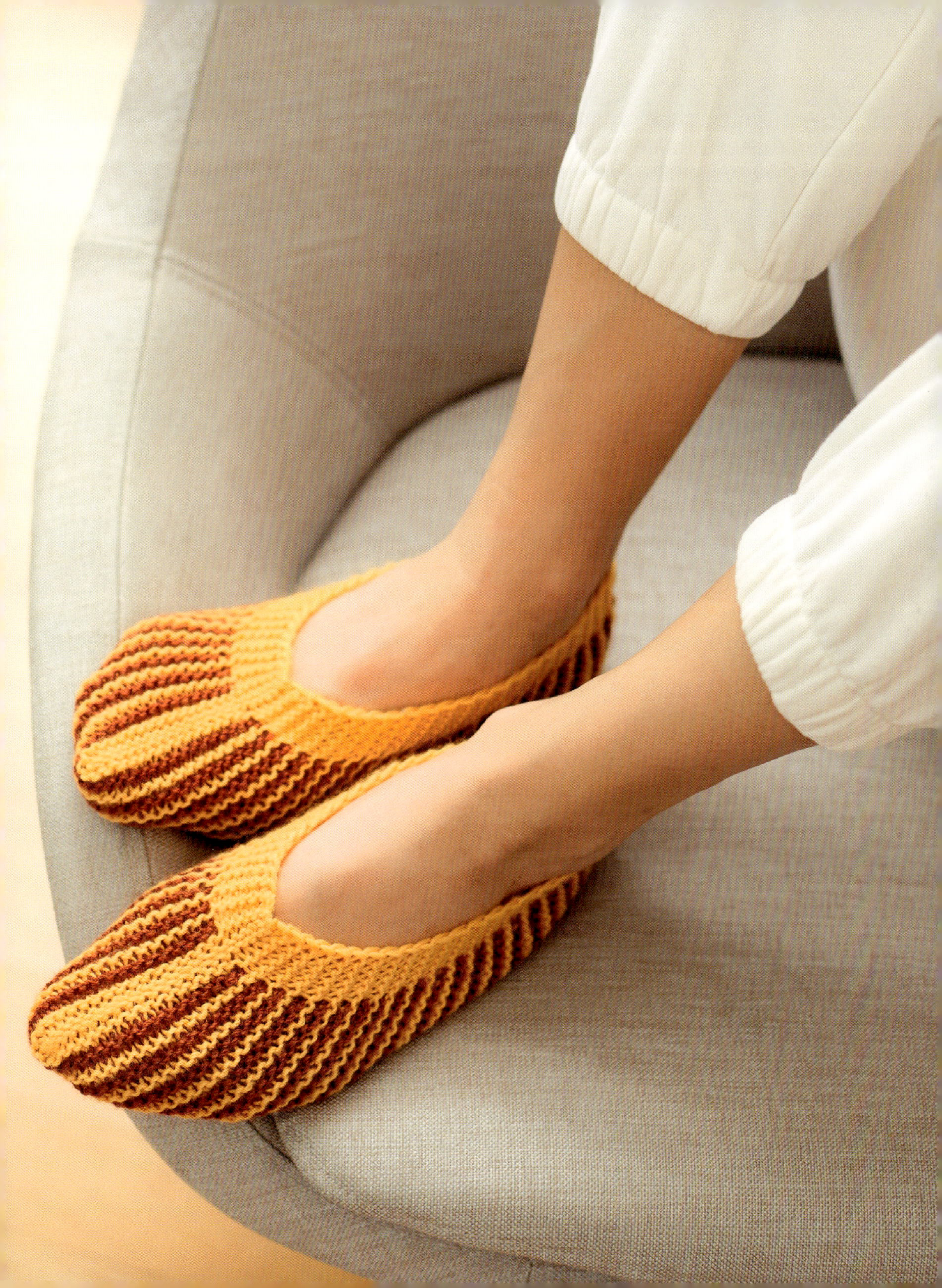

CHILLEN DAHEIM

Boots mit Hebemaschen

LEVEL
●●●

GRÖSSE
36/37 (38/39) 40/41

MATERIAL
- Woolly Hugs CHARITY (75 % Wolle, 15 % Polyamid, 10 % Polylactid, LL ca. 100 m/50 g) von L&K (www.VeronikaHug.com): je 50 g in 2 beliebigen Farben (= Farbe A und B)
- Stricknadeln 3,0–4,0 mm
- Maschenmarkierer
- 1 Stopfnadel

MASCHENPROBE
23 M und 34 R
= 10 cm x 10 cm

Muster

Randmaschen

In Hin- und Rück-R die 1. M links abheben, dabei den Faden vor der Arbeit mitführen, die letzte M rechts stricken.

Kraus rechts

Stets rechte M stricken.

Glatt rechts

In Hin-R rechte, in Rück-R linke M stricken.

Hebemaschen-Muster

Mit ungerader M-Zahl: 1. R in Farbe A (= Hin-R): * 1 M rechts, 1 M wie zum Linksstricken abheben, dabei den Faden hinter der Arbeit mitführen, ab * stets wiederholen, enden mit 1 M rechts; 2. R in Farbe A (= Rück-R): * 1 M rechts, 1 M wie zum Linksstricken abheben, dabei den Faden vor der Arbeit mitführen, ab * stets wiederholen, enden mit 1 M rechts; 3. und 4. R in Farbe B: rechte M. Die 1.-4. R stets wiederholen.

Rechts-Zunahme

Mit der rechten Nadel in die folgende M der darunterliegenden R von vorn nach hinten einstechen (= kraus rechte Schlinge der Vor-R), die Schlinge auf die linke Nadel legen und rechts abstricken. Dann die darüberliegende M ebenfalls rechts abstricken.

Links-Zunahme

Mit der linken Nadel die darunterliegende Schlinge der zuletzt gestrickten M (= kraus rechte Schlinge der Vor-R) von hinten nach vorn auffassen und rechts abstricken.

Anleitung

Am oberen Fußausschnitt beginnen und in Farbe A 62 (66) 70 M anschlagen. Für die Blende 7 R kraus rechts stricken. Nun die Mitte markieren und die M vor und nach der Markierung stets glatt rechts stricken. Anschließend mit Farbe B 1 R rechte M stricken, dabei aus der M vor der Markierung 1 Rechts-Zunahme arbeiten und aus der M nach der Markierung 1 Links-Zunahme arbeiten. In der folgenden Rück-R nach der Rand-M 30 (32) 34 M rechts, 2 M links und 30 (32) 34 M rechts stricken, dann mit 1 Rand-M enden.
In folgender Einteilung mit Farbe A weiterarbeiten: Rand-M, 29 (31) 33 M Hebemaschen-Muster, 4 M kraus rechts, dabei vor und nach der Markierung wieder jeweils 1 Rechts- bzw. Links-Zunahme arbeiten, 29 (31) 33 M Hebemaschen-Muster, Rand-M. In jeder Hin-R vor und nach der Markierung die Zunahmen arbeiten. Die zugenommenen M im weiteren Verlauf stets kraus rechts stricken, die 29 (31) 33 M nach bzw. vor der Rand-M stets im Hebemaschen-Muster stricken. Nach 32 (36) 40 R ab Beginn des Hebemaschen-Musters sind 17 (19) 21 Zunahmen gearbeitet.
Über diese 96 (104) 112 M in Farbe A nun 9 R kraus rechts stricken. Dann den Faden abschneiden.

... weiter geht es auf Seite 30

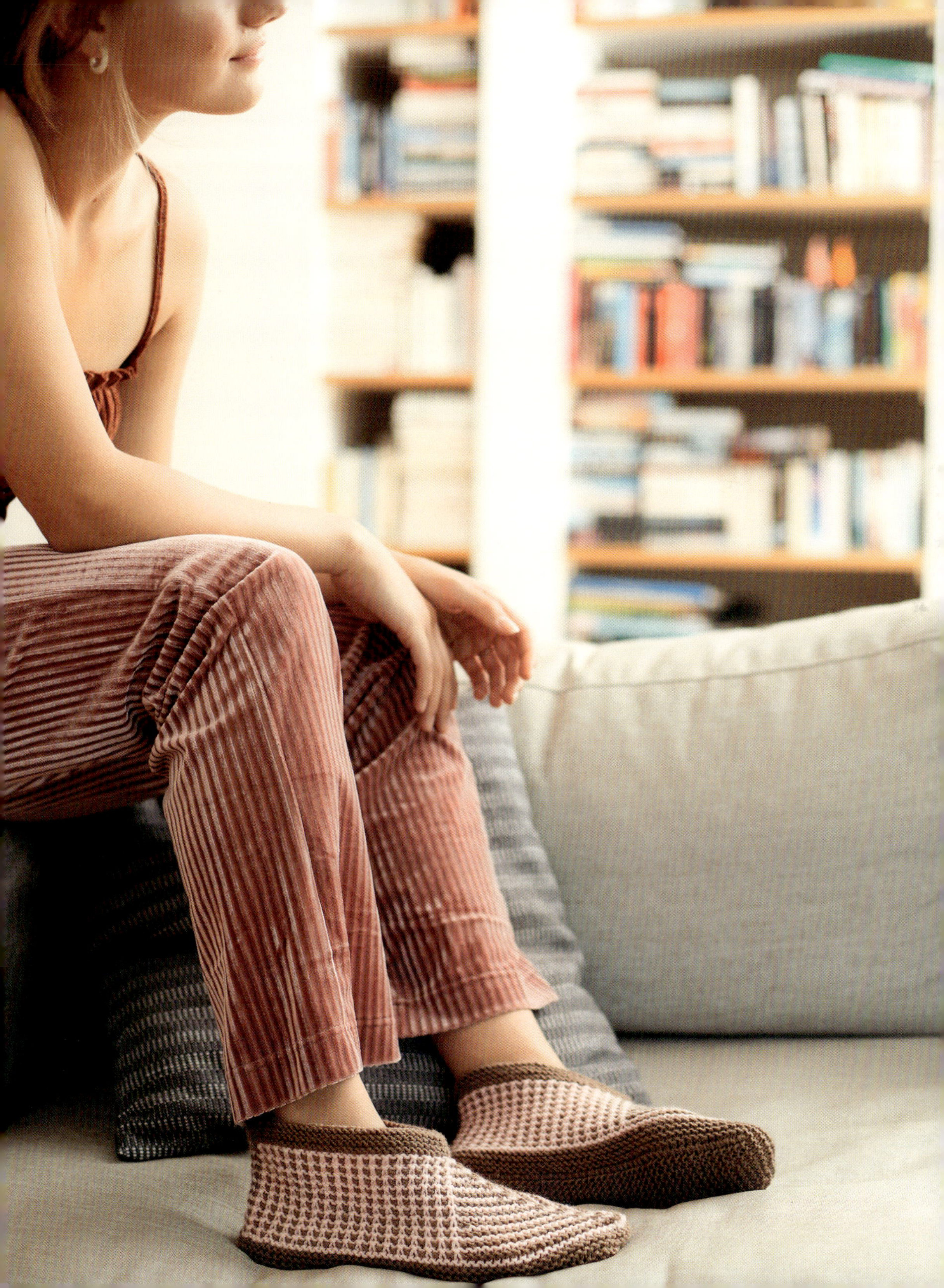

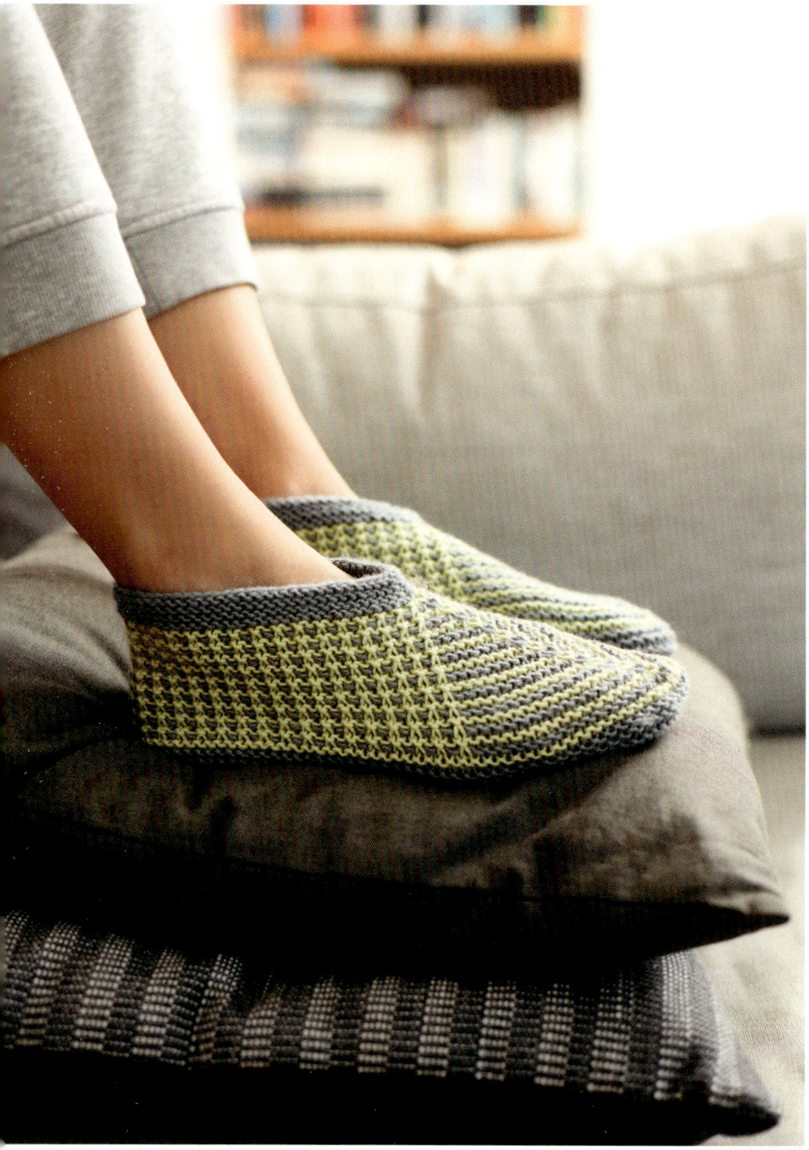

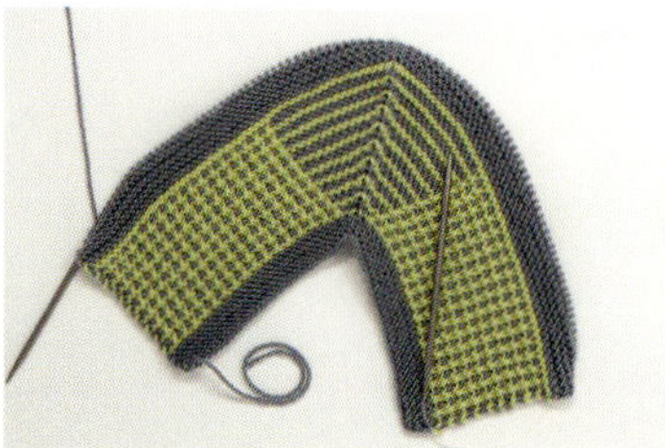

Die Sohle wird über die mittleren 10 M kraus rechts gearbeitet. Dafür bis zu den 10 mittleren M alle M abheben, dann den Faden neu ansetzen und die ersten 9 M rechts stricken. Die folgenden 2 M links zusammenstricken und die Arbeit wenden; * 1 M wie zum Linksstricken abheben, dabei den Faden vor der Arbeit mitführen, damit 1 Knötchen entsteht, 8 M rechts stricken, die folgenden 2 M links zusammenstricken, ab* stets wiederholen, bis rechts und links nur noch 5 unbestrickte M liegen.
Dann wie folgt weiterarbeiten: ** die 1. M wie gewohnt abheben, 7 M rechts stricken (es liegen nun noch 2 Sohlen-M auf der Nadel), die folgenden 3 M links zusammenstricken, die Arbeit wenden und ab ** stets wiederholen, dabei jeweils 1 M weniger rechts stricken. Sind rechts und links keine unbestrickten M mehr vorhanden, die restlichen M übereinanderziehen.

Fertigstellung

Die rückwärtige Naht schließen.

Den zweiten Schuh genauso arbeiten.

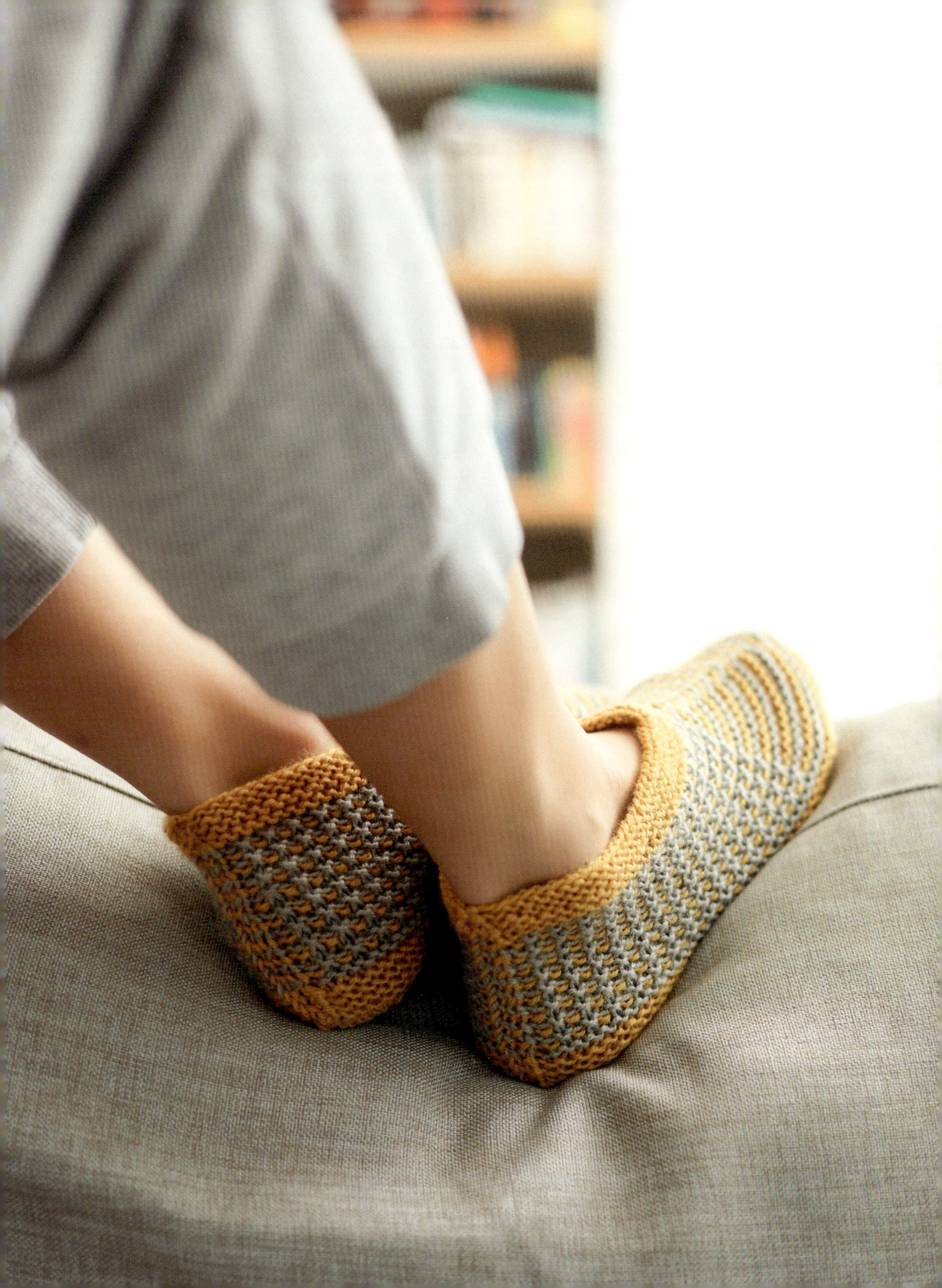

GRÜSSE AUS DEM NORDEN

Hausschuhe mit Norwegermuster

LEVEL

●●●

GRÖSSE

36/37 (38/39) 40/41

MATERIAL

- Woolly Hugs CHARITY (75 % Wolle, 15 % Polyamid, 10 % Polylactid, LL ca. 100 m/50 g) von L&K (www.VeronikaHug.com): je 50 g Grundfarbe Garnreste in Weiß (Farbe 01) und Fuchsia (Farbe 47)
- Stricknadeln 3,0–4,0 mm
- 1 Stopfnadel

MASCHENPROBE

23 M und 34 R = 10 cm x 10 cm

Muster

Randmaschen

In Hin- und Rück-R die 1. M links abheben, dabei den Faden vor der Arbeit mitführen, die letzte M rechts stricken.

Kraus rechts

Stets rechte M stricken.

Glatt rechts

In Hin-R rechte, in Rück-R linke M stricken.

Jacquardmuster, glatt rechts

Die M-Zahl muss durch 6 teilbar sein, plus 1 M, damit das Muster rechts und links aufgeht, plus 2 Rand-M. Laut Zählmuster in Norwegertechnik arbeiten, dabei den unbenutzten Faden locker auf der Rückseite der Arbeit mitführen. Jedes Kästchen steht für 1 M in der Breite und 1 R in der Höhe. Mit 1 Rand-M und der M vor dem MS beginnen, den MS stets wiederholen, enden mit 1 Rand-M. Die 1.–10. R je 1 x arbeiten.

Streifenfolge

2 R kraus rechts in Fuchsia, 4 R kraus rechts in der Grundfarbe, 2 R kraus rechts in Fuchsia, 10 R Jacquardmuster, 2 R kraus rechts in Fuchsia, 4 R kraus rechts in der Grundfarbe und 2 R kraus rechts in Fuchsia = 26 R insgesamt.

Anleitung

Linker Hausschuh

75 (81) 87 M in der Grundfarbe anschlagen und 3 R kraus rechts stricken. 26 R in der Streifenfolge arbeiten und nochmals in der Grundfarbe 4 (6) 8 R kraus rechts stricken. In der folgenden R die ersten 10 M abketten und noch weitere 19 R kraus rechts stricken. Dann alle M abketten.

Rechter Hausschuh

Gegengleich arbeiten. Dafür die 10 M auf der anderen Seite abketten.
So sieht der linke Hausschuh nach dem Abketten aus (beim rechten Hausschuh sind die M auf der anderen Seite abgekettet).

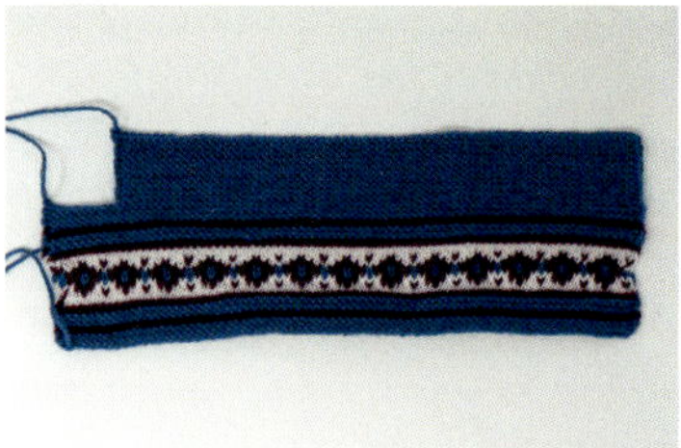

Das Strickteil umdrehen und die Jacquard-Bordüre nach oben legen.

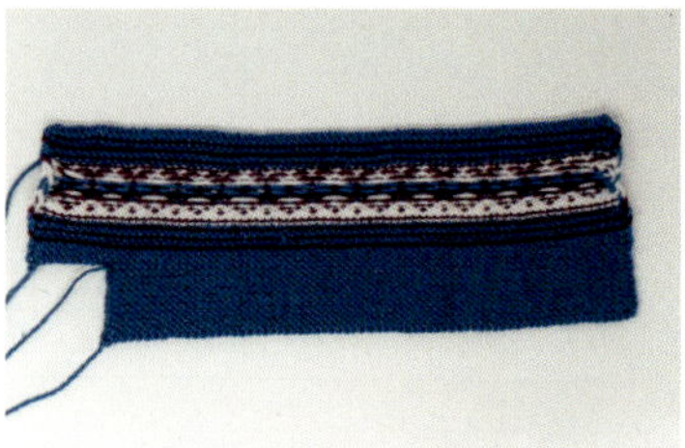

... weiter geht es auf Seite 34

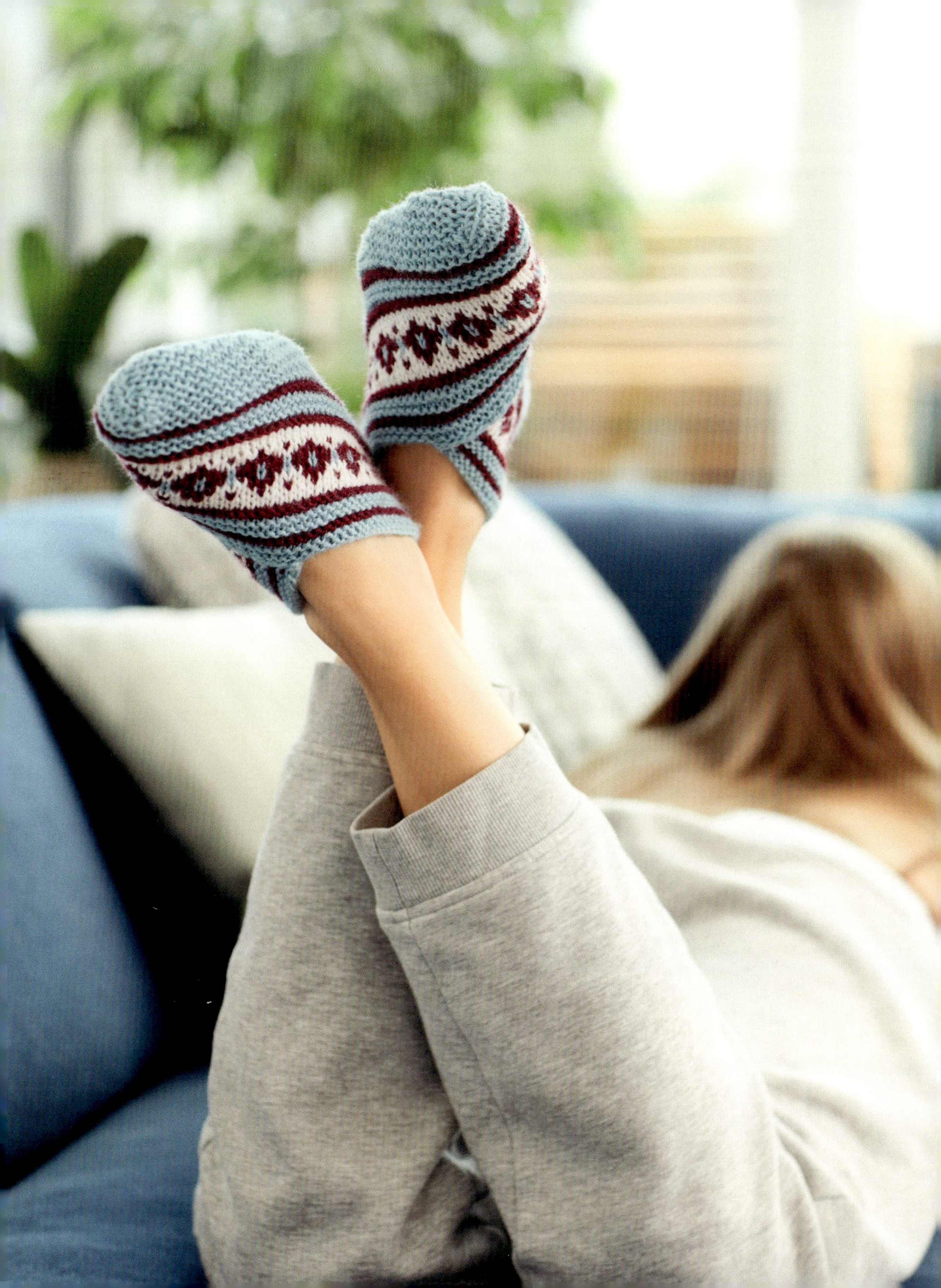

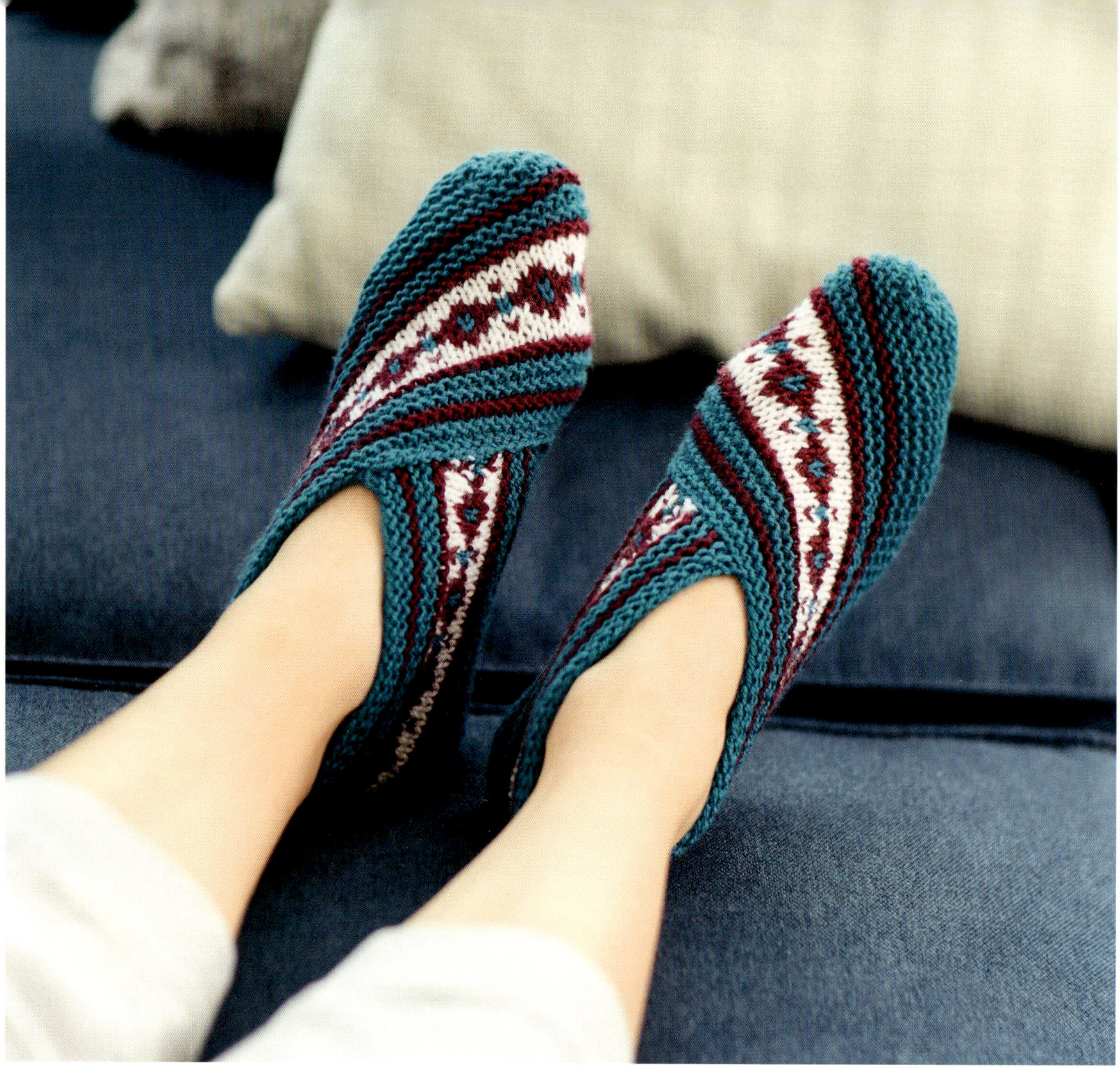

Die linke Seite im 90-Grad-Winkel nach unten legen.

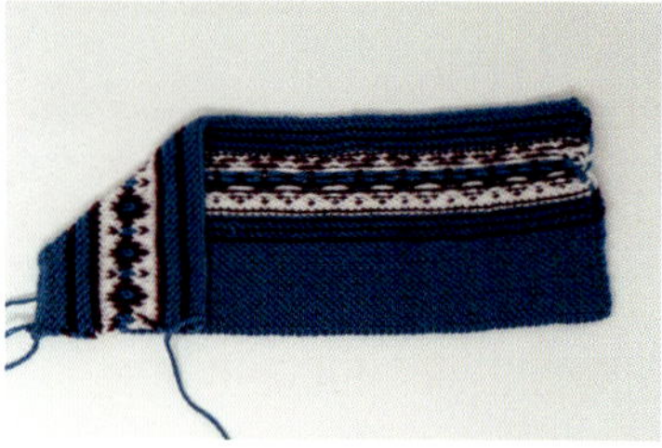

Die rechte Seite so weit umschlagen, dass die Seitenkante genau auf die umgelegte obere Kante trifft. Nun die Nähte schließen.

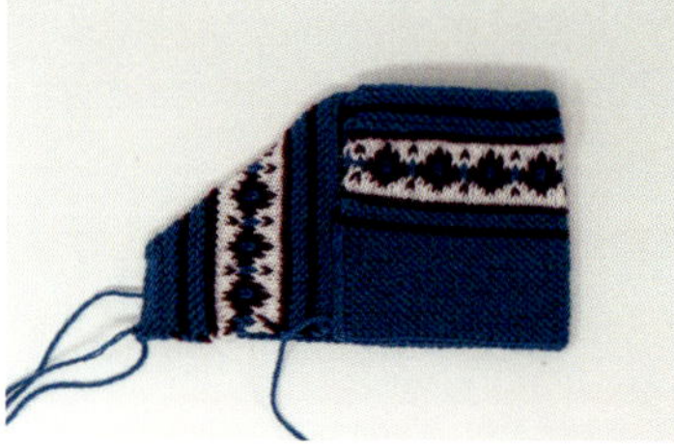

Darauf achten, dass die Hausschuhe gegengleich gearbeitet werden.

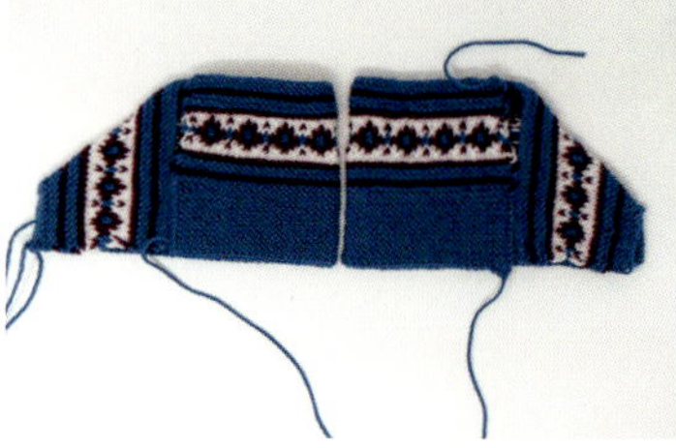

Fertigstellung

Den Hausschuh laut Step-Fotos nach und nach zusammennähen, dabei darauf achten, dass der rechte Hausschuh gegengleich zum linken zusammengenäht wird. Alle Fäden vernähen.

Zählmuster

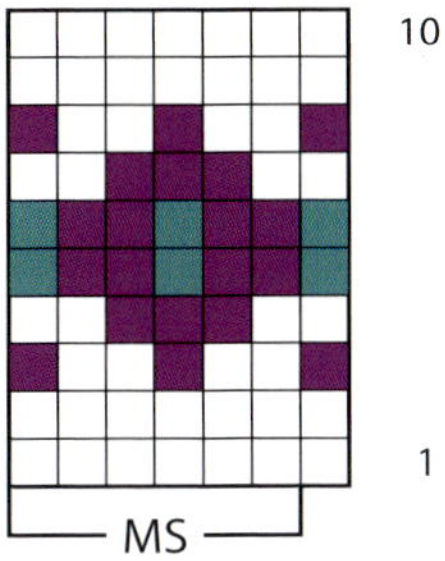

- ☐ = 1 M in Weiß
- ■ = 1 M in Petrol/Grundfarbe
- ■ = 1 M in Fuchsia

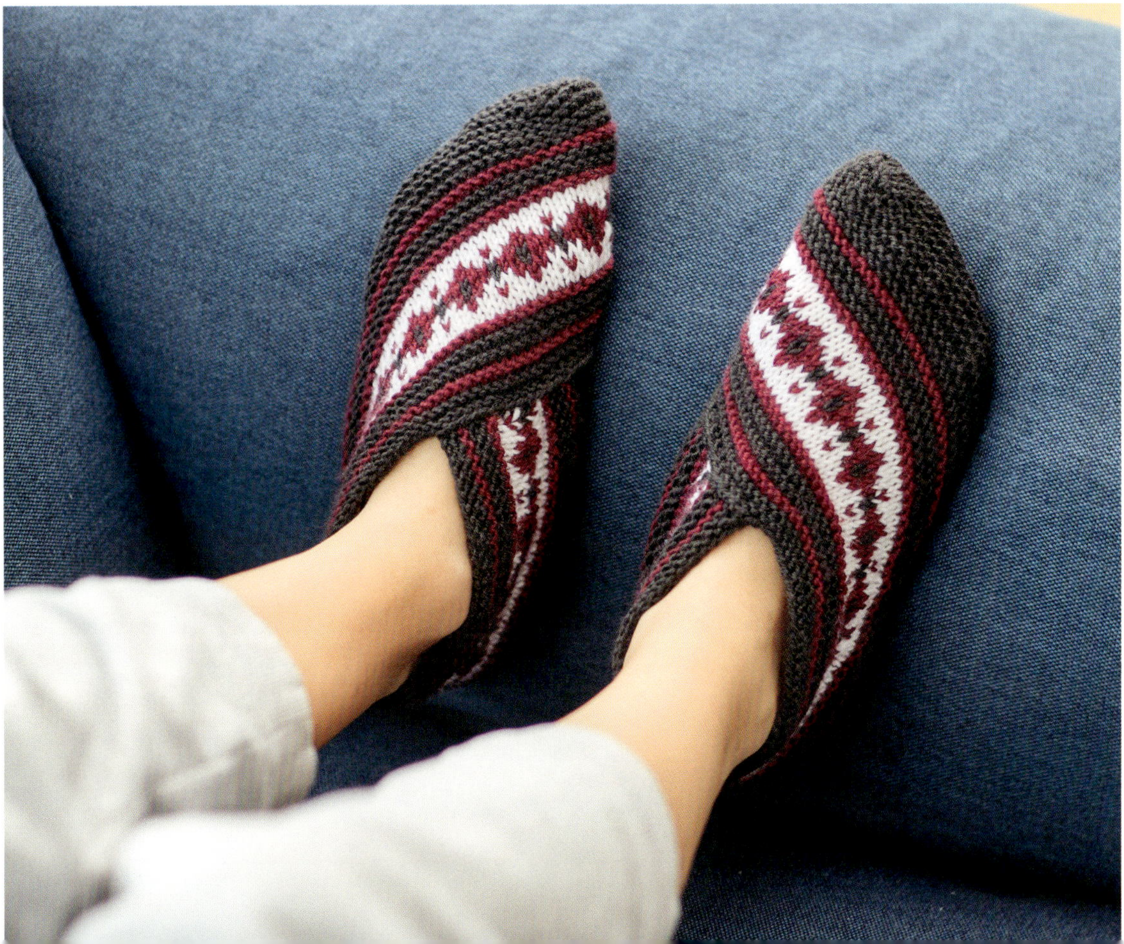

HUND, KATZE, MAUS

Sofasocken mit Tiermotiv

LEVEL

●●●

GRÖSSE

28/29–44/45

MATERIAL

- Woolly Hugs CHARITY (75 % Wolle, 15 % Polyamid, 10 % Polylactid, LL ca. 100 m/50 g) von L&K (www.VeronikaHug.com): Hund: 100 g Terra (Farbe 28), Garnreste in Weiß (Farbe 01) und Anthrazit (Farbe 97) Katze: 100 g Anthrazit (Farbe 97) und ca. 10 g Stein (Farbe 90), Garnreste in Rosa (Farbe 33) und Kiwi (Farbe 74) Maus: 100 g Stein (Farbe 90), Garnreste in Rosa (Farbe 33), Weiß (Farbe 01) und Anthrazit (Farbe 97)
- Stricknadeln 3,0–4,0 mm
- 1 Häkelnadel 3,0–4,0 mm
- 1 Stopfnadel

MASCHENPROBE

23 M und 34 R = 10 cm x 10 cm

Muster

Randmaschen

In Hin- und Rück-R die 1. M links abheben, dabei den Faden vor der Arbeit mitführen, die letzte M rechts stricken.

Kraus rechts

Stets rechte M stricken.

Rippenmuster

Die M-Zahl muss durch 4 teilbar sein, plus 2 Rand-M. Hin-R: Rand-M, * 1 M rechts, 2 M links, 1 M rechts, ab * stets wiederholen, Rand-M; Rück-R: Rand-M, * 1 M links, 2 M rechts, 1 M links, ab * stets wiederholen, Rand-M.

Zunahmen am rechten Rand

Nach der Rand-M 2 M rechts stricken, dann aus der 2. M 1 Links-Zunahme arbeiten. Dafür mit der linken Nadel die darunterliegende Schlinge der zuletzt gestrickten M (= kraus rechte Schlinge der Vor-R) von hinten nach vorn auffassen und rechts abstricken.

Zunahmen am linken Rand

Die R stricken, bis nur noch 2 M vor der Rand-M liegen. Dann 1 Rechts-Zunahme arbeiten. Dafür mit der rechten Nadel in die folgende M der darunterliegenden R einstechen (= kraus rechte Schlinge der Vor-R), diese Schlinge auf die linke Nadel legen und rechts abstricken. Dann die letzten 2 M plus Rand-M abstricken.

Abnahmen am rechten Rand

Nach der Rand-M 1 M rechts stricken und die folgenden 2 M überzogen zusammenstricken. Dazu 1 M wie zum Rechtsstricken abheben, 1 M rechts stricken, dann die abgehobene M darüberziehen.

Streifenfolge (Katze)

2 R in Stein, 4 R in Anthrazit im Wechsel.

Größenhinweis: Entsprechend der nachfolgenden Anleitung können Sofasocken in den Größen 28/29 bis 44/45 mithilfe der Größentabelle von Seite 38 gearbeitet werden.

Anleitung

Den Hund in Terra, die Maus in Stein und die Katze in der Streifenfolge arbeiten.
Für Größe 38/39 am Schaft beginnend 46 M anschlagen (siehe 1. Zeile der Tabelle) und für das Bündchen 20 R (siehe 2. Zeile) im Rippenmuster stricken.
Anschließend kraus rechts weiterarbeiten, dabei 8 x in jeder 4. R beidseitig je 1 M zunehmen (siehe 3. Zeile). Über diese 62 M (siehe 4. Zeile) 16 R ohne Zunahmen stricken (siehe 5. Zeile).
Dann 8 x in jeder 2. R beidseitig je 1 M abnehmen (siehe 6. Zeile) = 46 M. Danach 8 x in jeder 4. R beidseitig je 1 M abnehmen (siehe 7. Zeile). Es sind noch 30 M in Arbeit (siehe 8. Zeile).
Nun für alle Schuhgrößen auf die gleiche Weise enden: Beim Hund auf Anthrazit, bei Katze und Maus auf Rosa wechseln. 1 R

... weiter geht es auf Seite 38

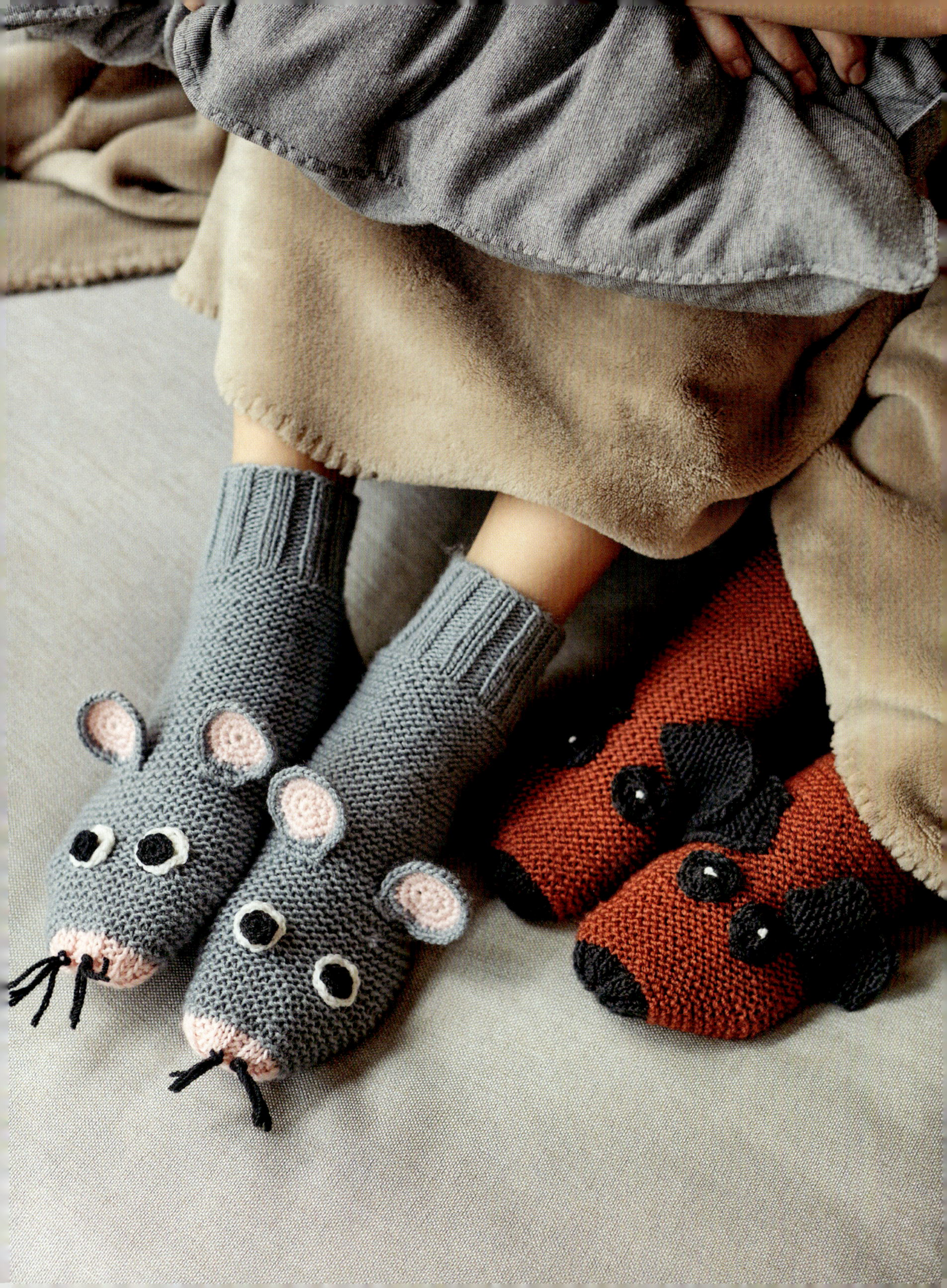

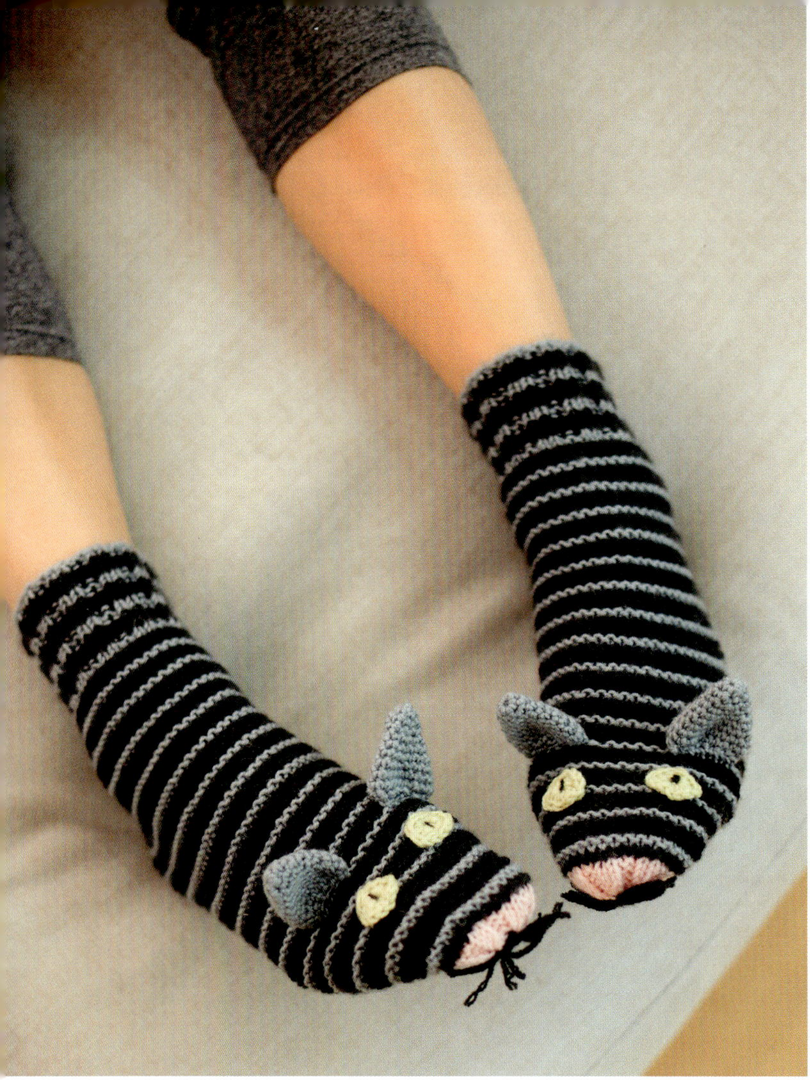

rechte M und 4 R im Rippenmuster stricken. In der folgenden Hin-R bei allen Rechts-Rippen jeweils 2 M rechts zusammenstricken, in der folgenden Rück-R bei allen Links-Rippen jeweils 2 M links zusammenstricken. Die restlichen M mit dem Arbeitsfaden fest zusammenziehen – der Arbeitsfaden sollte lang genug sein, um damit die Sohle und das Bündchen zu schließen.

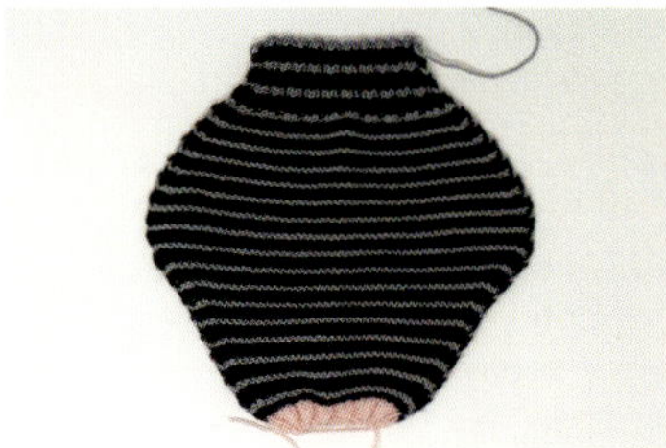

Größentabelle

Maschenprobe mit Nadeln 3,0–4,0 glatt rechts gestrickt: 23 Maschen und 34 Reihen = 10 cm x 10 cm

	Größe	28/29	30/31	32/33	34/35	36/37	38/39	40/41	42/43	44/45
1	**Maschenanschlag Schaft**	38	38	42	42	46	46	50	50	54
2	**Reihen Rippenmuster**	18	18	18	20	20	20	22	22	24
3	**Zunahmen in jeder 4. Reihe**	5	6	6	7	7	8	8	9	9
4	**Maschen nach Zunahmen**	48	50	54	56	60	62	66	68	72
5	**Reihen ohne Zunahmen**	12	12	12	14	14	16	16	18	18
6	**Abnahmen in jeder 2. Reihe**	5	6	6	6	7	8	9	10	9
7	**Abnahmen in jeder 4. Reihe**	6	6	8	7	8	8	9	9	10
8	**Maschen nach Abnahmen**	26	26	26	30	30	30	30	30	34

Fertigstellung

Seitennähte im Einfachen Steppstich (siehe Umschlagklappe) zusammennähen.

Alle Fäden vernähen.

Zuletzt die Applikationen arbeiten:

Augen Katze (2 x arbeiten): In Kiwi in einen Fadenring 1 Luft-M als Steige-Luft-M häkeln, dann in den Ring 2 feste M, 1 halbes Stäbchen, 1 Stäbchen, 1 halbes Stäbchen, 3 feste M, 1 halbes Stäbchen, 1 Stäbchen, 1 halbes Stäbchen und 1 feste M arbeiten. Die Rd mit 1 Kett-M in die 1. feste M schließen und enden. In Anthrazit senkrecht verlaufende Pupillen laut Foto aufsticken. Die Augen mit dem Anfangs- und Endfaden aufnähen und alle Fäden vernähen.

Augen Hund (2 x arbeiten): In Schwarz in einen Fadenring 1 Luft-M als Steige-Luft-M häkeln und in den Ring 12 halbe Stäbchen arbeiten. Die Rd mit 1 Kett-M in das 1. halbe Stäbchen schließen; 2. Rd: 1 Luft-M als Steige-Luft-M häkeln, feste M häkeln, dabei in jede 2. M 2 feste M arbeiten = 18 M. Die Rd mit 1 Kett-M in die 1. feste M schließen und enden. In Weiß in die Mitte kleine Stiche als Pupille arbeiten. Die Augen mit dem Anfangs- und Endfaden laut Foto aufnähen und alle Fäden vernähen.

Augen Maus (2 x arbeiten): In Weiß in einen Fadenring 1 Luft-M als Steige-Luft-M häkeln, dann in den Ring 5 halbe Stäbchen, 6 Stäbchen und 5 halbe Stäbchen arbeiten. Die Rd mit 1 Kett-M in das 1. halbe Stäbchen schließen und enden. Für die Pupille in Anthrazit in einen Fadenring 1 Luft-M als Steige-Luft-M häkeln und in den Ring 8 feste M arbeiten. Die Rd mit 1 Kett-M in die 1. feste M schließen und enden. Die Pupillen mit dem Anfangs- und Endfaden laut Foto auf die Augen nähen. Die Augen mit dem Anfangs- und Endfaden aufnähen und alle Fäden vernähen.

Ohren Katze (2 x arbeiten): In Stein in einen Fadenring 1 Luft-M als Steige-Luft-M häkeln und in den Ring 4 feste M arbeiten. Diese und jede weitere Rd mit 1 Kett-M in die 1. feste M schließen und mit 1 Luft-M als Steige-Luft-M die folgende Rd beginnen. 2. Rd: In jede M 2 feste M häkeln = 8 M; 3. und 4. Rd: jeweils 8 feste M häkeln; 5. Rd: In jede 2. M 2 feste M häkeln = 12 M; 6. Rd: 12 feste M häkeln; 7. Rd: * 1 feste M, in die folgende M 2 feste M, 1 feste M, ab * noch 3 x wiederholen = 16 M; 8. Rd: 16 feste M häkeln; 9. Rd: In jede 4. M 2 feste M häkeln = 20 M; 10. Rd: 20 feste M häkeln; 11. Rd: * 2 feste M, in die folgende M 2 feste M, 2 feste M, ab * noch 3 x wiederholen = 24 M; 12. Rd: 24 feste M häkeln; 13. Rd: In jede 6. M 2 feste M häkeln = 28 M; 14. Rd: * 3 feste M, in die folgende M 2 feste M, 3 feste M, ab * noch 3 x wiederholen = 32 M. Nun enden und den Faden ca. 30 cm lang abschneiden. Das Ohr flach zusammenlegen und die gegenüberliegenden Abschlusskanten mit Steppstichen laut Workshop schließen. Dann die Naht auf ca. 3,5 cm einkräuseln, laut Foto aufnähen und alle Fäden vernähen.

Ohren Hund (2 x arbeiten): In Anthrazit 10 M anschlagen und 26 R kraus rechts stricken. In der folgenden R die ersten 2 M überzogen zusammenstricken und die letzten 2 M rechts zusammenstricken. Diese Abnahmen in der folgenden 2. R wiederholen. Danach die restlichen 6 M abketten. Die Ohren laut Foto aufnähen und alle Fäden vernähen.

Ohren Maus (2 x arbeiten): In Rosa in einen Fadenring 1 Luft-M als Steige-Luft-M und dann in den Ring 8 feste M arbeiten. Diese und jede weitere Rd mit 1 Kett-M in die 1. feste M schließen und die folgende Rd mit 1 Steige-Luft-M beginnen; 2. Rd: In jede M 2 feste M häkeln = 16 M; 3. Rd: * 1 feste M, in die folgende M 2 feste M häkeln, ab * noch 7 x wiederholen. Mit dem Rd-Schluss auf Stein wechseln = 24 M; 4. Rd: In Stein in jede 3. M 2 feste M häkeln = 32 M; 5. R: In die ersten 4 M jeweils 1 feste M häkeln, in die folgende M 1 Kett-M arbeiten und enden. Die Ohren jeweils an den 4 M der 5. R laut Foto aufnähen. Zum Schluss alle Fäden vernähen.

Die zweite Sofasocke genauso arbeiten.

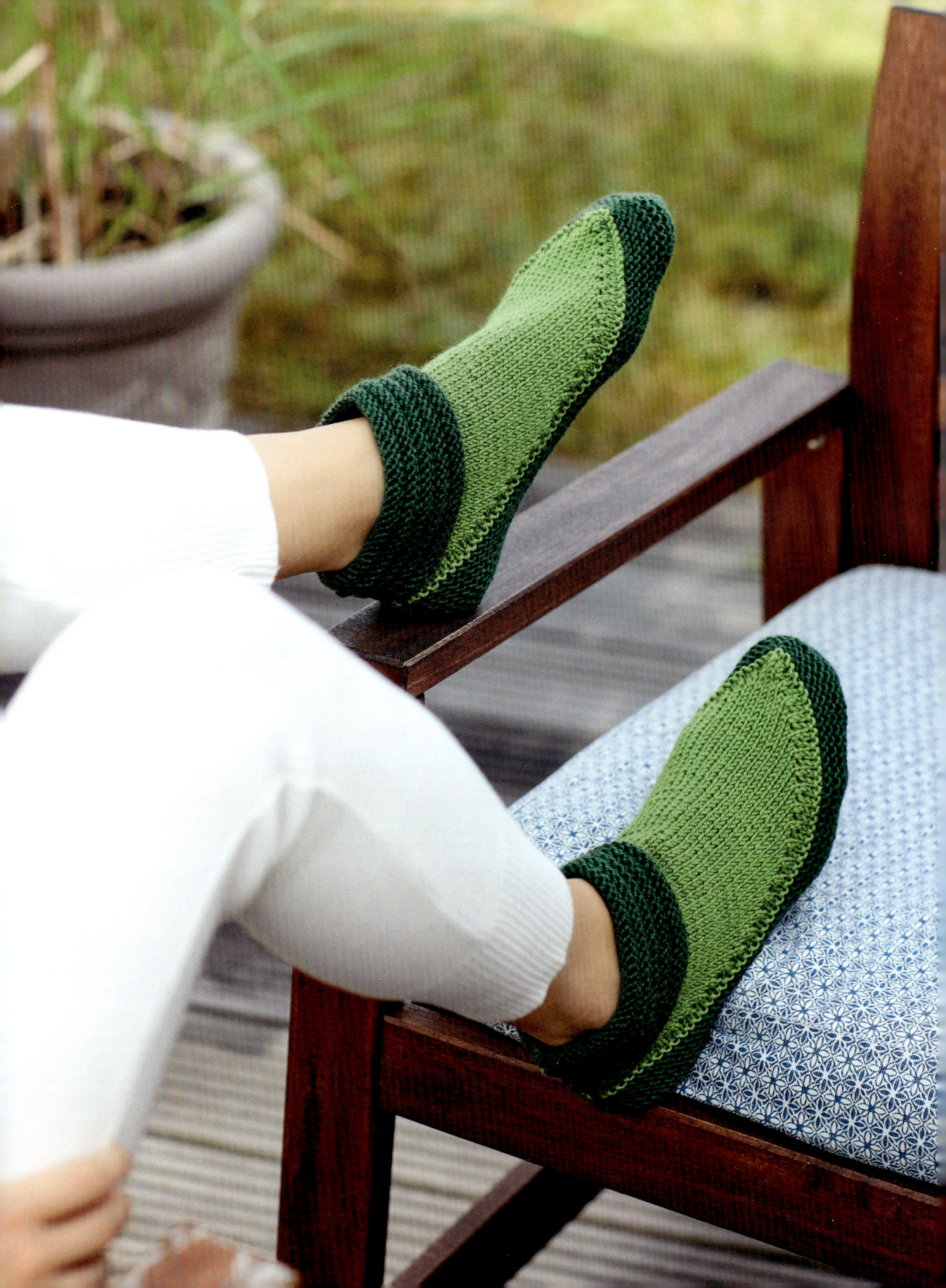

WALD – WIESE – MOOS

Clogs in Grüntönen

LEVEL
●●●

GRÖSSE
36/37 (38/39) 40/41

MATERIAL
- Woolly Hugs CHARITY (75 % Wolle, 15 % Polyamid, 10 % Polylactid, LL ca. 100 m/50 g) von L&K (www.VeronikaHug.com): je 50 g in 2 beliebigen Farben (= Farbe A und B)
- Stricknadeln 3,0–4,0 mm
- 1 Stopfnadel

MASCHENPROBE
23 M und 34 R
= 10 cm x 10 cm

Muster

Randmaschen
In Hin- und Rück-R die 1. M links abheben, dabei den Faden vor der Arbeit mitführen, die letzte M rechts stricken.

Kraus rechts
Stets rechte M stricken.

Glatt rechts
In Hin-R rechte, in Rück-R linke M stricken.

Glatt links
In Hin-R linke, in Rück-R rechte M stricken.

2 Maschen rechts überzogen zusammenstricken
1 M wie zum Rechtsstricken abheben, 1 M rechts stricken, dann die abgehobene M darüberziehen.

Blendenmuster
3 R glatt links, 3 R glatt rechts im Wechsel.

Anleitung
An der oberen Kante beginnend 50 (54) 58 M anschlagen und 1 Rück-R linke M stricken. Dann 27 R im Blendenmuster stricken, sodass sich auf der Vorderseite 5 Rippen befinden. Anschließend 1 R rechte M stricken.

Nun in verkürzten R arbeiten: In der folgenden Rück-R linke M stricken, bis noch 5 M auf der linken Nadel liegen.

Dann die Arbeit wenden und 1 U auf die rechte Nadel legen. Den U fest anziehen und rechte M stricken, bis noch 5 M auf der linken Nadel liegen.

Die Arbeit wenden und 1 U auf die rechte Nadel legen. * Linke M stricken, bis noch 6 M (plus Wende-U) auf der linken Nadel liegen.

Die Arbeit wenden und 1 U auf die rechte Nadel legen. Den U fest anziehen und rechte M stricken, bis noch 6 M (plus Wende-U) auf der linken Nadel liegen.

Die Arbeit wenden und 1 U auf die rechte Nadel legen.

Nun ab * stets wiederholen, bis alle M aufgebraucht sind.

... weiter geht es auf Seite 42

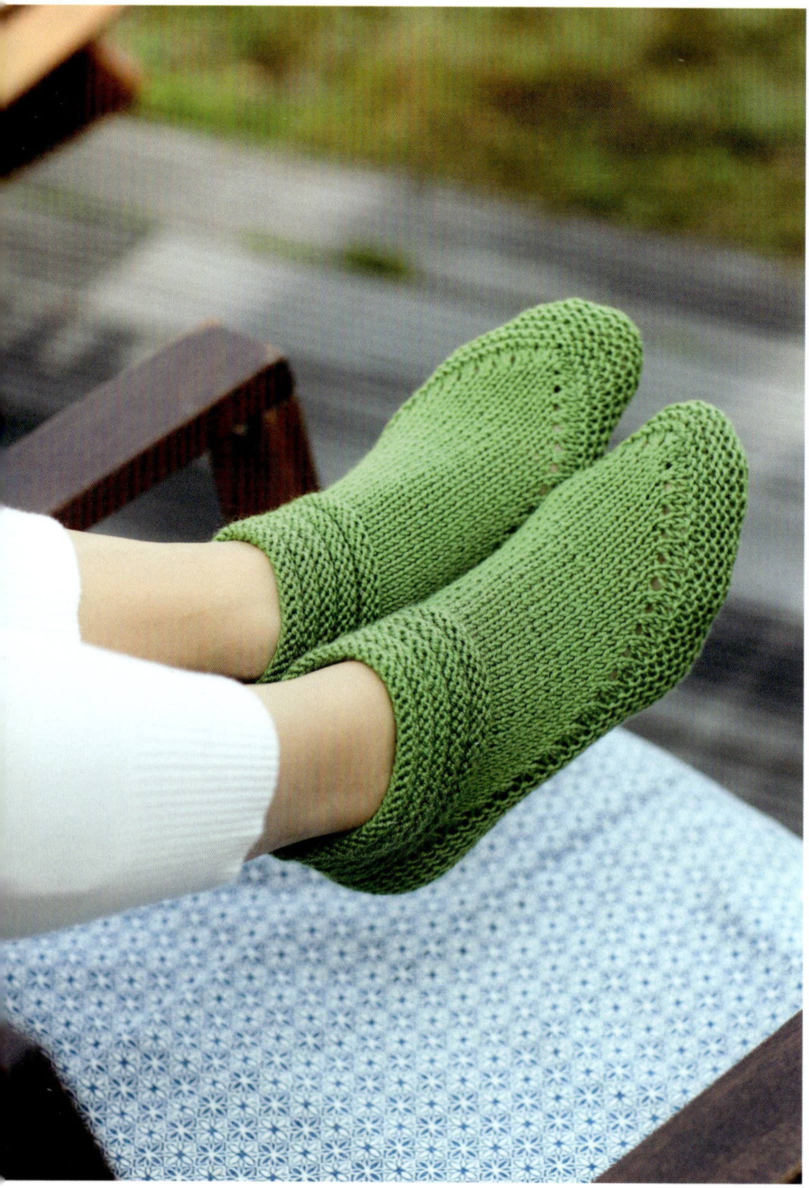

In der Rück-R nun alle M stricken, die auf der linken Nadel liegen, dabei die U links verschränkt abstricken. In der folgenden Hin-R über alle M rechts stricken, dabei die U rechts verschränkt stricken.

Für die Sohle über den 90 (98) 106 M kraus rechts weiterarbeiten. Nach 8 (9) 10 Rippen bzw. 16 (18) 20 R für die Fersenrundung in der folgenden Hin-R die 3. und 4. M überzogen zusammenstricken und die 4.- und 3.-letzte M rechts zusammenstricken. Diese Abnahmen noch 2 x in jeder folgenden Hin-R wiederholen und in der folgenden Rück-R alle M abketten.

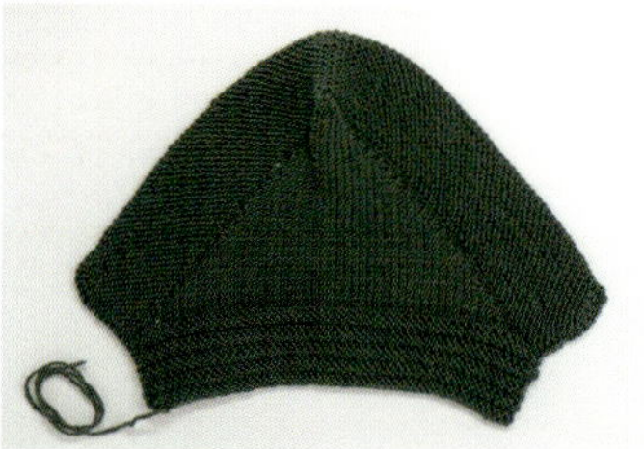

Fertigstellung

Die Seitennaht ab Anschlagkante schließen, gleich im Anschluss die Fersen-Sohlennaht im Einfachen Steppstich (siehe Umschlagklappe) zusammennähen. Alle Fäden vernähen.

Den zweiten Clog genauso arbeiten.

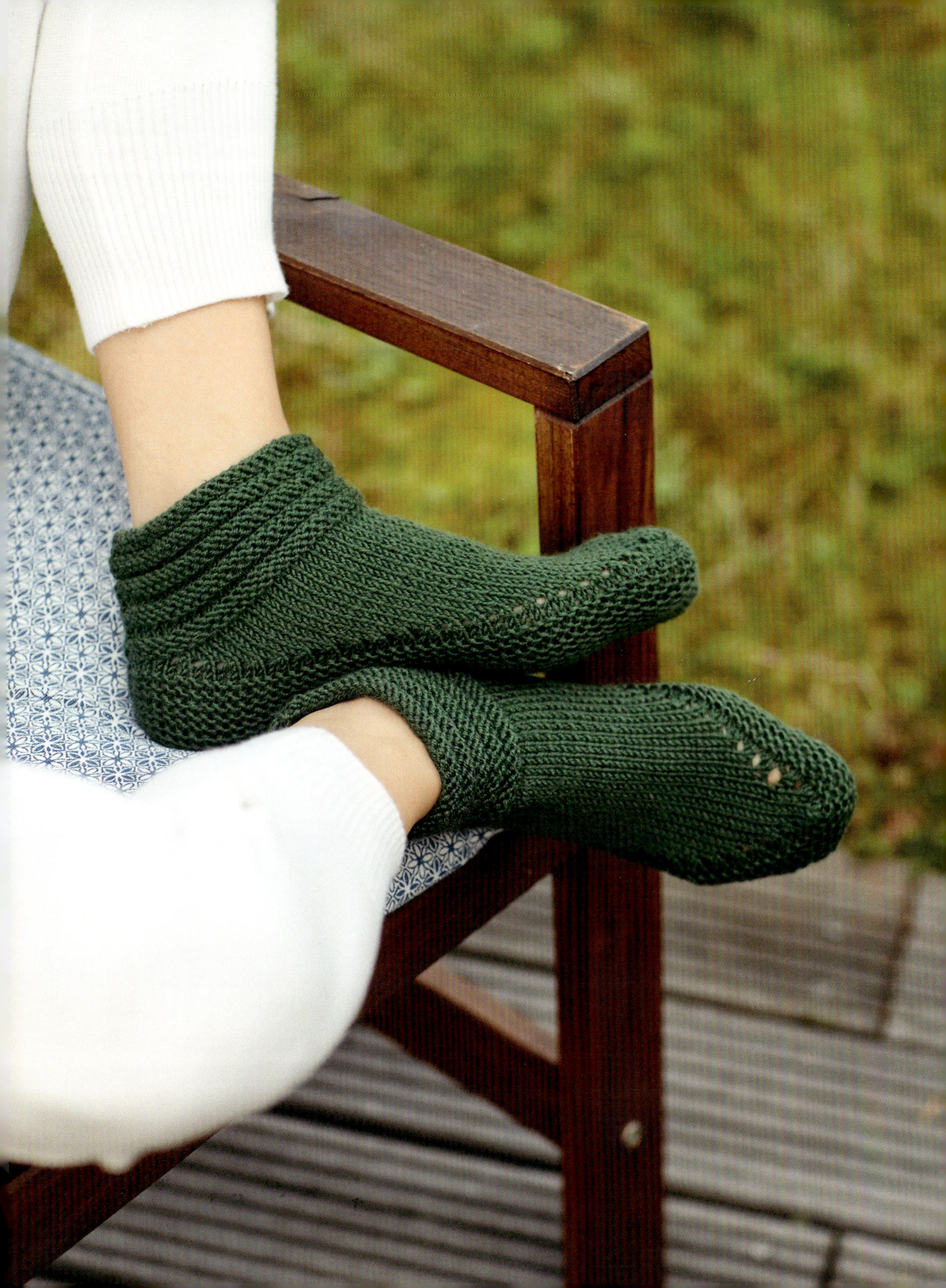

WIESN, WASEN, WOHNUNG

Stiefel im Trachtenlook

LEVEL

●●●

GRÖSSE

36/37 (38/39) 40/41

MATERIAL

- Woolly Hugs CHARITY (75 % Wolle, 15 % Polyamid, 10 % Polylactid, LL ca. 100 m/50 g) von L&K (www.VeronikaHug.com): je 100 g Grundfarbe Garnreste in der Schmuckfarbe Garnreste für Applikationen in Weiß, Rot, Gelb und Terra
- Stricknadeln 5,0–6,0 mm
- 1 Zopf- oder Hilfsnadel
- 1 Häkelnadel 3,0–4,0 mm für die Applikationen
- 1 Stopfnadel

MASCHENPROBE

Mit doppeltem Faden 14 M und 20 R = 10 cm x 10 cm

Muster

Randmaschen

In Hin- und Rück-R die 1. M links abheben, dabei den Faden vor der Arbeit mitführen, die letzte M rechts stricken.

Kraus rechts

Stets rechte M stricken.

Glatt rechts

In Hin-R rechte, in Rück-R linke M stricken.

Glatt links

In Hin-R linke, in Rück-R rechte M stricken.

2 Maschen rechts überzogen zusammenstricken

1 M wie zum Rechtsstricken abheben, 1 M rechts stricken, dann die abgehobene M darüberziehen.

Rippenmuster

Die M-Zahl muss durch 4 teilbar sein, plus 2 Rand-M. Hin-R: Rand-M, * 1 M links, 2 M rechts, 1 M links, ab * stets wiederholen, enden mit Rand-M; Rück-R: Rand-M, 1 M rechts, 2 M links, 1 M rechts, ab * stets wiederholen, enden mit Rand-M.

Zopfstreifen

Zunächst über 10 M laut Strickschrift arbeiten. Es sind nur die Hin-R gezeichnet. In den Rück-R die M stricken, wie sie erscheinen, U links stricken.
Die 1.–20. R 1 x stricken, dann die 15.–20. R stets wiederholen.

Anleitung

Hinweis: Die Stiefel mit doppeltem Faden stricken.

Am oberen Schaftrand beginnend in der Schmuckfarbe mit doppeltem Faden 34 (38) 42 M anschlagen und für die Rollblende zwischen den Rand-M glatt rechts stricken, dabei mit einer Rück-R beginnen. Nach 5 R ab Anschlag in der Grundfarbe 1 R rechte M stricken, dann im Rippenmuster weiterarbeiten, dabei mit einer Rück-R beginnen.
Nach 17 (19) 21 R Rippenmuster 4 R kraus rechts stricken. Anschließend in folgender Einteilung weiterarbeiten: Rand-M, 11 (13) 15 M kraus rechts, 10 M Zopfstreifen, 11 (13) 15 M kraus rechts, Rand-M.
Die Zunahmen wie in der Strickschrift eingezeichnet arbeiten. Nach 14 R sind 28 M zugenommen und 62 (66) 70 M vorhanden.
Nun für den Fußrücken nur noch über den mittleren 26 M laut Strickschrift weiterarbeiten. Dabei die Fäden neu ansetzen (die bisherigen Arbeitsfäden aber nicht abschneiden) und die erste und letzte M als Knötchen-Rand-M stricken (in Hin- und Rück-R rechts abstricken).

... weiter geht es auf Seite 46

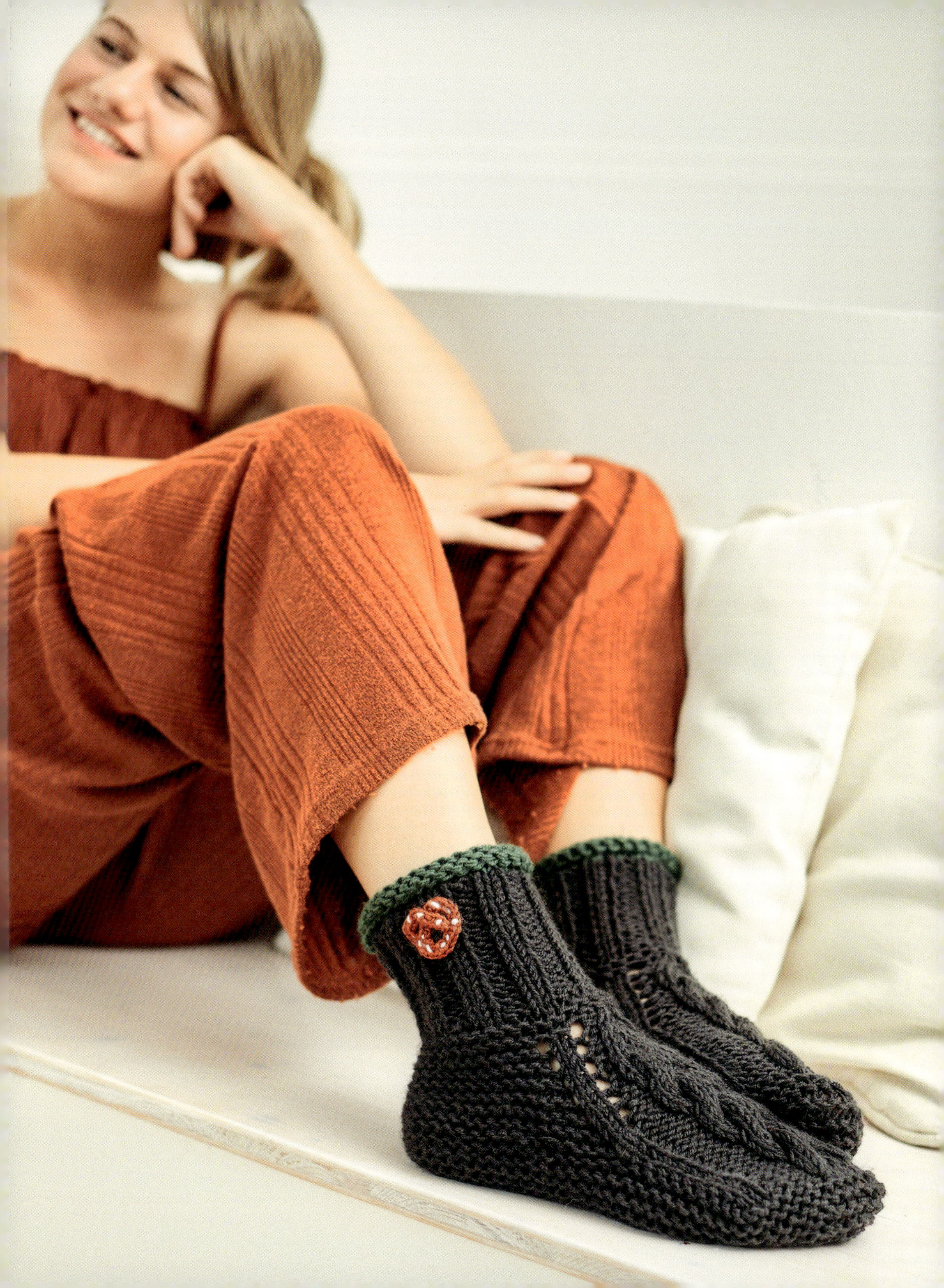

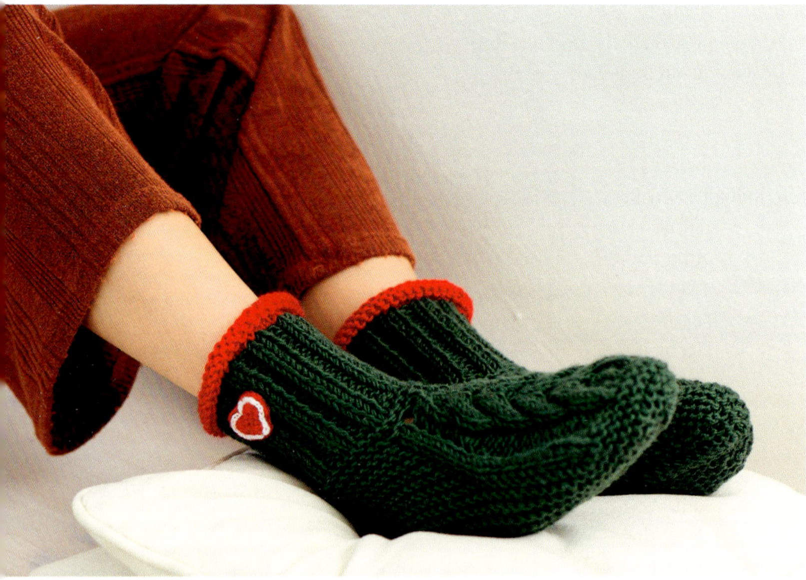

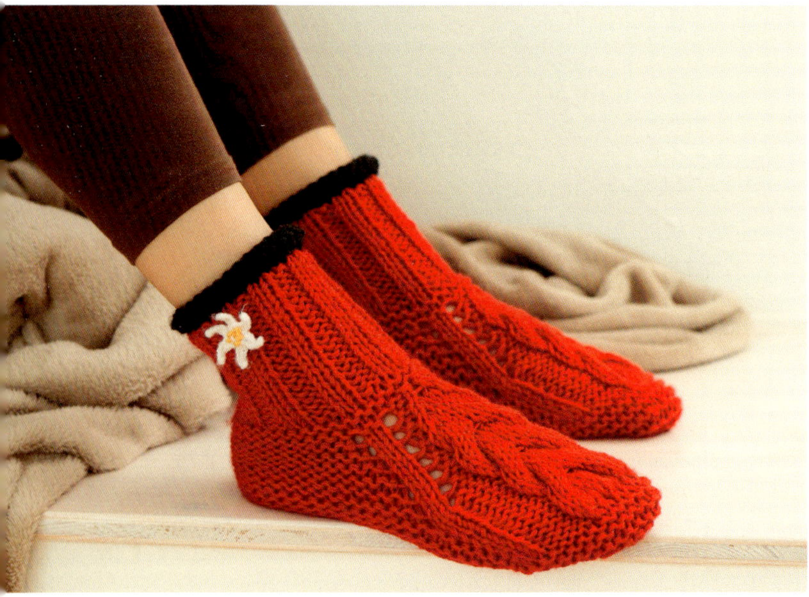

Nach 14 (18) 22 R ab Teilung wieder mit den vorherigen Arbeitsfäden über alle M für die Sohle kraus rechts stricken. Dafür beidseitig aus den Knötchen-Rand-M je 7 (9) 11 M auffassen und über alle M kraus rechts stricken. Über den 12 Zopf-M 6 x je 2 M rechts zusammenstricken (siehe 21. R der Strickschrift). Nach 4 Rippen (= 8 R) ab Sohlenbeginn die mittlere M markieren und in der folgenden Hin-R M abnehmen: die 3. und 4. M sowie die 2 M vor der Mitte überzogen zusammenstricken, die 2 M nach der Mitte sowie die 4.- und 3.-letzte M rechts zusammenstricken. Diese 4 Abnahmen noch 2 x in jeder folgenden Hin-R wiederholen. Danach alle M abketten.

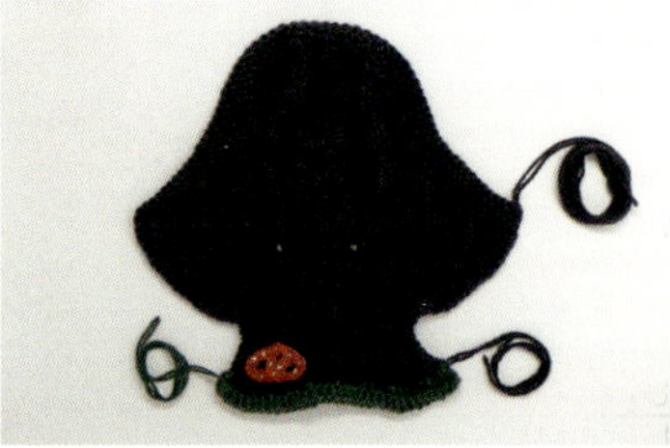

Fertigstellung

Die Seitennaht am Schaft ab Anschlagkante schließen, gleich im Anschluss die Fersen-Sohlennaht im Einfachen Steppstich (siehe Umschlagklappe) zusammennähen. Alle Fäden vernähen. Nun die Applikationen arbeiten.

Herz: In Rot 5 Luft-M häkeln. Diese 5 Luft-M mit 5 R fester M behäkeln, dabei jede R mit 1 zusätzlichen Steige-Luft-M beginnen. Nun die seitliche M der 3. R mit dem 1. Herzbogen behäkeln: 2 Stäbchen, 1 halbes Doppelstäbchen, 1 Doppelstäbchen, 1 halbes Doppelstäbchen und 2 Stäbchen. Dann in die Eck-M 1 Kett-M häkeln. In die 3. M des Anschlags den 2. Herzbogen auf die gleiche Weise häkeln, dann 1 Kett-M in die folgende Eck-M häkeln und enden. Den Faden 25 cm lang abschneiden und durchziehen. Rings um das Herz in Weiß eine Kontur aus Kett-M aufhäkeln. Mit dem Endfaden die Applikation auf den Schaft nähen und alle Fäden vernähen.

Edelweiß: In Weiß 4 Luft-M anschlagen und mit 1 Kett-M zum Ring schließen. 1 zusätzliche Steige-Luft-M häkeln und in den Ring 12 feste M arbeiten. Die Rd mit 1 Kett-M in die 1. feste M schließen. Für die Blütenblätter * 6 Luft-M häkeln, in die 5. und 4. Luft-M je 1 Kett-M arbeiten, je 1 feste M in die 3., 2. und 1. Luft-M, je 1 Kett-M in die folgenden 2 M, ab * noch 5 x wiederholen, bei der letzten Wiederholung mit der letzten Kett-M die Rd schließen und enden. Mit gelber Wolle 6 kleine Knötchenstiche als Blütenstempel in der Mitte aufsticken. Mit dem weißen Anfangs- und Endfaden die Applikation auf den Schaft nähen und alle Fäden vernähen.

Brezel: In Terra 37 Luft-M anschlagen und die Luft-M-Kette leicht nach vorn drehen. Auf der Rückseite in die hinten liegende Schlinge der 36.–1. Luft-M je 1 feste M häkeln und enden. Den Häkelstrang zur Brezel legen und mit dem Endfaden mit einigen Stichen fixieren. Mit dem Anfangsfaden die Applikation auf den Schaft nähen. Für das Salz in Weiß einige kleine Stielstiche auf der Brezel verteilt aufsticken und alle Fäden vernähen.

Den zweiten Stiefel genauso arbeiten, jedoch die Applikationen gegengleich aufnähen.

Strickschrift

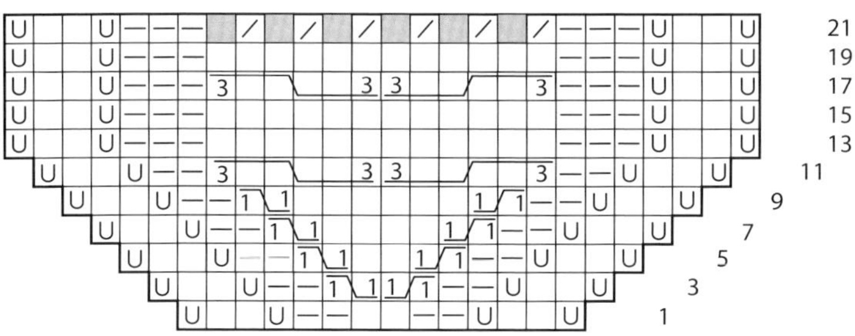

□ = 1 rechte M

– = 1 linke M

U = 1 U

/ = 2 M rechts zusammenstricken

▒ = ohne Bedeutung

1/1 = 2 M nach rechts verzopfen (= 1 M auf eine Zopfnadel hinter die Arbeit legen, die folgende M rechts stricken, dann die M der Zopfnadel rechts stricken)

1\1 = 2 M nach links verzopfen (= 1 M auf eine Zopfnadel vor die Arbeit legen, die folgende M rechts stricken, dann die M der Zopfnadel rechts stricken)

3/3 = 6 M nach rechts verzopfen (= 3 M auf eine Zopfnadel hinter die Arbeit legen, die folgenden 3 M rechts stricken, dann die M der Zopfnadel rechts stricken)

3\3 = 6 M nach links verzopfen (= 3 M auf eine Zopfnadel vor die Arbeit legen, die folgenden 3 M rechts stricken, dann die M der Zopfnadel rechts stricken)

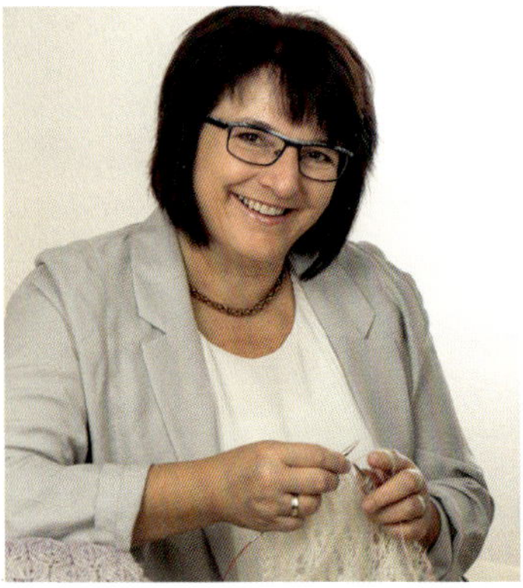

Veronika Hug lebt mit ihrer Familie in Appenweier. Handarbeiten ist seit ihrer Teenagerzeit ihr Hobby und nach der Geburt ihres 3. Kindes wurde es nach und nach auch zum Beruf: Auf erste eigene Modelle und Anleitungen folgten Fachkorrektur und Redaktion zahlreicher Zeitschriften im Bereich Handarbeiten. Inzwischen hat sie als erfolgreiche Buchautorin bereits über 70 Bücher zum Stricken und Häkeln veröffentlicht und gestaltet seit 2015 mit Woolly Hugs sogar ihre eigene Garnkollektion. In diesem Jahr erscheinen ihre neuen Bücher erstmals im frechverlag.

DANKE!

Wir danken der Firma Langendorf & Keller GmbH für die freundliche Unterstützung mit Materialien für dieses Buch.

TOPP – Unsere Servicegarantie

WIR SIND FÜR SIE DA! Bei Fragen zu unserem umfangreichen Programm oder Anregungen freuen wir uns über Ihren Anruf oder Ihre Post. Loben Sie uns, aber scheuen Sie sich auch nicht, Ihre Kritik mitzuteilen – sie hilft uns, ständig besser zu werden.

Bei Fragen zu einzelnen Materialien oder Techniken wenden Sie sich bitte an unseren Kreativservice, Frau Erika Noll.
mail@kreativ-service.info
Telefon 07 11 / 12 37 57 20

Das Produktmanagement erreichen Sie unter:
pm@frechverlag.de
oder:
frechverlag
Produktmanagement
Turbinenstraße 7
70499 Stuttgart
Telefon 07 11 / 8 30 86 68

LERNEN SIE UNS BESSER KENNEN! Fragen Sie Ihren Hobbyfach- oder Buchhändler nach unserem kostenlosen Magazin **Meine kreative Welt**. Darin entdecken Sie dreimal im Jahr die neuesten Kreativtrends und interessantesten Buchneuheiten.

Oder besuchen Sie uns im Internet! Unter **www.topp-kreativ.de** können Sie sich über unser umfangreiches Buchprogramm informieren, unsere Autoren kennenlernen sowie aktuelle Highlights und neue Kreativtechniken entdecken, kurz – die ganze Welt der Kreativität.

Kreativ immer up to date sind Sie mit unserem monatlichen **Newsletter**. Für aktuelle Infos, Gratis-Anleitungen und Gewinnspiele gleich anmelden unter **www.TOPP-kreativ.de/Newsletter**

IMPRESSUM

REALISATION: Marion Kemper

FOTOS: frechverlag GmbH, 70499 Stuttgart; Veronika Hug, Appenweier (Schrittfotos); Claudia Lienert, Appenweier (Seite 48); lichtpunkt, Michael Ruder, Stuttgart (alle übrigen)

PRODUKTMANAGEMENT: Eva-Barbara Zirn

LEKTORAT: Johanna Heiß, München

FACHKORREKTUR: Margit Huber

GESTALTUNG: Petra Theilfarth

DRUCK: POLYGRAF PRINT spol. s r.o.

2. Auflage 2022

ISBN 978-3-7724-6862-9 • Best.-Nr. 6862